老科学家学术成长资料采集工程
中国科学院院士传记丛书

氟缘笃志
陈庆云传

朱晶 刘超 ◎著

1929年	1948年	1956年	1960年	1975年	1990年	1993年	2004年	2023年
出生于湖南沅江	考入北京大学	进入苏联科学院元素有机化合物研究所留学	回国后从事有机氟化学和氟材料的研究工作	独创新型铬雾抑制剂F-53	获国家自然科学奖二等奖	当选中国科学院院士	获何梁何利基金科学与技术进步奖	在上海逝世

老科学家学术成长资料采集工程
中国科学院院士传记丛书

氟缘笃志
陈庆云传

朱晶 刘超 著

中国科学技术出版社
·北京·

图书在版编目（CIP）数据

氟缘笃志：陈庆云传 / 朱晶，刘超著 . -- 北京：
中国科学技术出版社，2024.6
（老科学家学术成长资料采集工程丛书 . 中国科学院
院士传记丛书）
ISBN 978-7-5236-0741-1

Ⅰ.①氟… Ⅱ.①朱… ②刘… Ⅲ.①陈庆云 – 传记
Ⅳ.① K826.13

中国国家版本馆 CIP 数据核字（2024）第 093184 号

责任编辑	李双北
责任校对	吕传新
责任印制	徐　飞
版式设计	中文天地

出　　版	中国科学技术出版社
发　　行	中国科学技术出版社有限公司
地　　址	北京市海淀区中关村南大街 16 号
邮　　编	100081
发行电话	010-62173865
传　　真	010-62173081
网　　址	http://www.cspbooks.com.cn

开　　本	787mm×1092mm　1/16
字　　数	186 千字
印　　张	12.25
彩　　插	2
版　　次	2024 年 6 月第 1 版
印　　次	2024 年 6 月第 1 次印刷
印　　刷	北京顶佳世纪印刷有限公司
书　　号	ISBN 978-7-5236-0741-1 / K·393
定　　价	86.00 元

（凡购买本社图书，如有缺页、倒页、脱页者，本社销售中心负责调换）

老科学家学术成长资料采集工程专家委员会

主　任：韩启德

委　员：（以姓氏拼音为序）

陈佳洱　方　新　傅志寰　李静海　刘　旭
齐　让　王进展　王礼恒　赵沁平

老科学家学术成长资料采集工程丛书组织机构

特邀顾问（以姓氏拼音为序）

樊洪业　方　新　谢克昌

编委会

主　编：老科学家学术成长资料采集工程领导小组办公室

编　委：（以姓氏拼音为序）

艾素珍　陈维成　定宜庄　董庆九　胡化凯
胡宗刚　吕瑞花　孟令耘　潘晓山　秦德继
阮　草　谭华霖　王扬宗　熊卫民　姚　力
张大庆　张　剑　张　藜　周德进

编委会办公室

主　任：董　阳　董亚峥

副主任：韩　颖

成　员：（以姓氏拼音为序）

高文静　胡艳红　李　梅　刘如溪　罗兴波
王传超　张珩旭　张佳静

老科学家学术成长资料采集工程简介

老科学家学术成长资料采集工程（以下简称"采集工程"）是根据国务院领导同志的指示精神，由国家科教领导小组于2010年正式启动，中国科协牵头，联合中组部、教育部、科技部、工信部、财政部、文化部、国资委、解放军总政治部、中国科学院、中国工程院、国家自然科学基金委员会等11部委共同实施的一项抢救性工程，旨在通过实物采集、口述访谈、录音录像等方法，把反映老科学家学术成长历程的关键事件、重要节点、师承关系等各方面的资料保存下来，为深入研究科技人才成长规律，宣传优秀科技人物提供第一手资料和原始素材。

采集工程是一项开创性工作。为确保采集工作规范科学，启动之初即成立了由中国科协主要领导任组长、12个部委分管领导任成员的领导小组，负责采集工程的宏观指导和重要政策措施制定，同时成立领导小组专家委员会负责采集原则确定、采集名单审定和学术咨询，委托科学史学者承担学术指导与组织工作，建立专门的馆藏基地确保采集资料的永久性收藏和提供使用，并研究制定了《采集工作流程》《采集工作规范》等一系列基础文件，作为采集人员的工作指南。截至2021年8月，采集工程已启动592位科学家的学术成长资料采集项目，获得实物原件资料132922件、数字化资料318092件、视频资料443783分钟、音频资料527093分钟，具有重要的史料价值。

采集工程的成果目前主要有三种体现形式，一是建设"中国科学家博物馆网络版"，提供学术研究和弘扬科学精神、宣传科学家之用；二是编辑制作科学家专题资料片系列，以视频形式播出；三是研究撰写客观反映老科学家学术成长经历的研究报告，以学术传记的形式，与中国科学院、中国工程院联合出版。随着采集工程的不断拓展和深入，将有更多形式的采集成果问世，为社会公众了解老科学家的感人事迹，探索科技人才成长规律，研究中国科技事业的发展历程提供客观翔实的史料支撑。

总序一

中国科学技术协会主席 韩启德

老科学家是共和国建设的重要参与者，也是新中国科技发展历史的亲历者和见证者，他们的学术成长历程生动反映了近现代中国科技事业与科技教育的进展，本身就是新中国科技发展历史的重要组成部分。针对近年来老科学家相继辞世、学术成长资料大量散失的突出问题，中国科协于2009年向国务院提出抢救老科学家学术成长资料的建议，受到国务院领导同志的高度重视和充分肯定，并明确责成中国科协牵头，联合相关部门共同组织实施。根据国务院批复的《老科学家学术成长资料采集工程实施方案》，中国科协联合中组部、教育部、科技部、工业和信息化部、财政部、文化部、国资委、解放军总政治部、中国科学院、中国工程院、国家自然科学基金委员会等11部委共同组成领导小组，从2010年开始组织实施老科学家学术成长资料采集工程。

老科学家学术成长资料采集是一项系统工程，通过文献与口述资料的搜集和整理、录音录像、实物采集等形式，把反映老科学家求学历程、师承关系、科研活动、学术成就等学术成长中关键节点和重要事件的口述资料、实物资料和音像资料完整系统地保存下来，对于充实新中国科技发展的历史文献，理清我国科技界学术传承脉络，探索我国科技发展规律和科技人才成长规律，弘扬我国科技工作者求真务实、无私奉献的精神，在全社会营造爱科学、学科学、用科学的良好氛围，是一件很有意义的事情。采集工程把重点放在年龄在80岁以上、学术成长经历丰富的两院院士，以及虽然不是两院院士、但在我国科技事业发展中作出突出贡献的老科技工作者，充分体现了党和国家对老科学家的关心和爱护。

自2010年启动实施以来，采集工程以对历史负责、对国家负责、对科技事业负责的精神，开展了一系列工作，获得大量反映老科学家学术成长历程的文字资料、实物资料和音视频资料，其中有一些资料具有很高的史料价值和学术价值，弥足珍贵。

以传记丛书的形式把采集工程的成果展现给社会公众，是采集工程的目标之一，也是社会各界的共同期待。在我看来，这些传记丛书大都是在充分挖掘档案和书信等各种文献资料、与口述访谈相互印证校核、严密考证的基础之上形成的，内中还有许多很有价值的照片、手稿影印件等珍贵图片，基本做到了图文并茂，语言生动，既体现了历史的鲜活，又立体化地刻画了人物，较好地实现了真实性、专业性、可读性的有机统一。通过这套传记丛书，学者能够获得更加丰富扎实的文献依据，公众能够更加系统深入地了解老一辈科学家的成就、贡献、经历和品格，青少年可以更真实地了解科学家、了解科技活动，进而充分激发对科学家职业的浓厚兴趣。

借此机会，向所有接受采集的老科学家及其亲属朋友，向参与采集工程的工作人员和单位，表示衷心感谢。真诚希望这套丛书能够得到学术界的认可和读者的喜爱，希望采集工程能够得到更广泛的关注和支持。我期待并相信，随着时间的流逝，采集工程的成果将以更加丰富多样的形式呈现给社会公众，采集工程的意义也将越来越彰显于天下。

是为序。

总序二

中国科学院院长　白春礼

由国家科教领导小组直接启动，中国科学技术协会和中国科学院等12个部门和单位共同组织实施的老科学家学术成长资料采集工程，是国务院交办的一项重要任务，也是中国科技界的一件大事。值此采集工程传记丛书出版之际，我向采集工程的顺利实施表示热烈祝贺，向参与采集工程的老科学家和工作人员表示衷心感谢！

按照国务院批准实施的《老科学家学术成长资料采集工程实施方案》，开展这一工作的主要目的就是要通过录音录像、实物采集等多种方式，把反映老科学家学术成长历史的重要资料保存下来，丰富新中国科技发展的历史资料，推动形成新中国的学术传统，激发科技工作者的创新热情和创造活力，在全社会营造爱科学、学科学、用科学的良好氛围。通过实施采集工程，系统搜集、整理反映这些老科学家学术成长历程的关键事件、重要节点、学术传承关系等的各类文献、实物和音视频资料，并结合不同时期的社会发展和国际相关学科领域的发展背景加以梳理和研究，不仅有利于深入了解新中国科学发展的进程特别是老科学家所在学科的发展脉络，而且有利于发现老科学家成长成才中的关键人物、关键事件、关键因素，探索和把握高层次人才培养规律和创新人才成长规律，更有利于理清我国科技界学术传承脉络，深入了解我国科学传统的形成过程，在全社会范围内宣传弘扬老科学家的科学思想、卓越贡献和高尚品质，推动社会主义科学文化和创新文化建设。从这个意义上说，采集工程不仅是一项文化工程，更是一项严肃认真的学术建设工作。

中国科学院是科技事业的国家队，也是凝聚和团结广大院士的大家庭。早在1955年，中国科学院选举产生了第一批学部委员，1993年国务院决定中国科学院学部委员改称中国科学院院士。半个多世纪以来，从学部委员到院士，经历了一个艰难的制度化进程，在我国科学事业发展史上书写了浓墨重彩的一笔。在目前已接受采集的老科学家中，有很大一部分即是上个世纪80、90年代当选的中国科学院学部委员、院士，其中既有学科领域的奠基人和开拓者，也有作出过重大科学成就的著名科学家，更有毕生在专门学科领域默默耕耘的一流学者。作为声誉卓著的学术带头人，他们以发展科技、服务国家、造福人民为己任，求真务实、开拓创新，为我国经济建设、社会发展、科技进步和国家安全作出了重要贡献；作为杰出的科学教育家，他们着力培养、大力提携青年人才，在弘扬科学精神、倡树科学理念方面书写了可歌可泣的光辉篇章。他们的学术成就和成长经历既是新中国科技发展的一个缩影，也是国家和社会的宝贵财富。通过采集工程为老科学家树碑立传，不仅对老科学家们的成就和贡献是一份肯定和安慰，也使我们多年的夙愿得偿！

鲁迅说过，"跨过那站着的前人"。过去的辉煌历史是老一辈科学家铸就的，新的历史篇章需要我们来谱写。衷心希望广大科技工作者能够通过"采集工程"的这套老科学家传记丛书和院士丛书等类似著作，深入具体地了解和学习老一辈科学家学术成长历程中的感人事迹和优秀品质；继承和弘扬老一辈科学家求真务实、勇于创新的科学精神，不畏艰险、勇攀高峰的探索精神，团结协作、淡泊名利的团队精神，报效祖国、服务社会的奉献精神，在推动科技发展和创新型国家建设的广阔道路上取得更辉煌的成绩。

总序三

中国工程院院长　周　济

由中国科协联合相关部门共同组织实施的老科学家学术成长资料采集工程，是一项经国务院批准开展的弘扬老一辈科技专家崇高精神、加强科学道德建设的重要工作，也是我国科技界的共同责任。中国工程院作为采集工程领导小组的成员单位，能够直接参与此项工作，深感责任重大、意义非凡。

在新的历史时期，科学技术作为第一生产力，已经日益成为经济社会发展的主要驱动力。科技工作者作为先进生产力的开拓者和先进文化的传播者，在推动科学技术进步和科技事业发展方面发挥着关键的决定的作用。

新中国成立以来，特别是改革开放30多年来，我们国家的工程科技取得了伟大的历史性成就，为祖国的现代化事业作出了巨大的历史性贡献。两弹一星、三峡工程、高速铁路、载人航天、杂交水稻、载人深潜、超级计算机……一项项重大工程为社会主义事业的蓬勃发展和祖国富强书写了浓墨重彩的篇章。

这些伟大的重大工程成就，凝聚和倾注了以钱学森、朱光亚、周光召、侯祥麟、袁隆平等为代表的一代又一代科技专家们的心血和智慧。他们克服重重困难，攻克无数技术难关，潜心开展科技研究，致力推动创新发展，为实现我国工程科技水平大幅提升和国家综合实力显著增强作出了杰出贡献。他们热爱祖国，忠于人民，自觉把个人事业融入到国家建设大局之中，为实现国家富强而不断奋斗；他们求真务实，勇于创新，用科技为中华民族的伟大复兴铸就了辉煌；他们治学严谨，鞠躬尽瘁，具有崇高的科学精神和科学道德，是我们后代学习的楷模。科学家们的一生是一本珍贵的教科书，他们坚定的理想信念和淡泊名利的崇高品格是中华民族自强不息精神的宝贵财富，永远值得后人铭记和敬仰。

通过实施采集工程，把反映老科学家学术成长经历的重要文字资料、实物资料和音像资料保存下来，把他们卓越的技术成就和可贵的精神品质记录下来，并编辑出版他们的学术传记，对于进一步宣传他们为我国科技发展和民族进步作出的不朽功勋，引导青年科技工作者学习继承他们的可贵精神和优秀品质，不断攀登世界科技高峰，推动在全社会弘扬科学精神，营造爱科学、讲科学、学科学、用科学的良好氛围，无疑有着十分重要的意义。

中国工程院是我国工程科技界的最高荣誉性、咨询性学术机构，集中了一大批成就卓著、德高望重的老科技专家。以各种形式把他们的学术成长经历留存下来，为后人提供启迪，为社会提供借鉴，为共和国的科技发展留下一份珍贵资料。这是我们的愿望和责任，也是科技界和全社会的共同期待。

周济

陈庆云

2018年5月15日，采集小组负责人黄智静（左）、传记作者朱晶（右）采访陈庆云

采集小组成员合影（左起：蔡正骏、刘超、张雅琴、林芳、刘芸瑞）

序 一

陈庆云院士是我国著名有机化学家，国际知名有机氟化学家，我国有机氟化学领域的创始人之一，为我国有机化学学科和中国科学院上海有机化学研究所的发展作出了重要贡献。

1929 年，陈庆云出生于湖南沅江，1952 年毕业于北京大学化学系，1956 年赴苏联科学院元素有机化合物研究所攻读副博士学位。1960 年学成回国，进入中国科学院化学研究所从事氟化学研究，1963 年调入中国科学院上海有机化学研究所。在苏联留学期间，对六氟丙酮的反应进行了深入研究，开创了全氟酮化学，获得了制备六氟双酚 A 的苏联专利，直到现在，世界各大化学公司仍在沿用这个方法生产六氟双酚 A。20 世纪 60 年代初，探索出用四氟乙烯高温裂解的新方法代替原有的丁酸电解氟化脱羧法，为六氟丙烯的工业生产提供了依据。70 年代，开展电镀铬雾抑制剂的研制工作，研制出我国独创的新型铬雾抑制剂 F-53，被全国千余家电镀厂使用，为国家环保节能事业作出了重要贡献。领导和参加了氟利昂代用品研制的国家重点项目，为我国独创的液相法制备 F-134a 作出了重要贡献。80 年代开始，从 F-53 的研究工作出发，开展氟化学基础研究，系统研究了全氟磺酸化学，开展了二氟卡宾和三氟甲基化的研究。首次发现二氟卡宾可以在强酸性介质中产生；合成和发现了 14 种二氟卡宾新前体，发展了

8种高效的三氟甲基化试剂和体系，其中最具代表性和应用最广的是氟磺酰基二氟乙酸甲酯，被称为"陈试剂"，并通过它实现了第一例铜催化的卤代芳烃的三氟甲基化；系统研究了全氟卤代烷的单电子转移反应，不仅为有机氟化物的合成提供了多种有效途径，而且将当代有机化学最重要理论之一的单电子转移反应引入了氟化学。2000年开始，将氟化学和卟啉化学结合，研究了各种氟烷基卟啉的合成、反应、性质和应用，首次成功合成表征了诺贝尔化学奖获得者伍德沃德（R. B. Woodward）于20世纪60年代提出的假想结构——20π电子非芳香性N,N′-二氢卟啉。获得国家自然科学奖二等奖和三等奖、国家发明奖三等奖、上海市重大科研成果奖一等奖和三等奖、中国科学院科技进步奖二等奖和三等奖、何梁何利基金科学与技术进步奖、首届中国化学会黄维垣氟化学奖、上海市劳动模范、上海市优秀共产党员等奖励和荣誉。

陈庆云院士严谨治学，诲人不倦，桃李芬芳。他充分尊重学生的兴趣，激发和培育学生"锐意创新、敢想敢干"的闯劲，曾被评为中国科学院优秀研究生导师。

"求实是本，奉献为先""细致、深入、应用"，陈先生以此笃学致用有机氟，砥志研思七十年，一片丹心兴邦梦。

通过陈先生的传记来回顾他的学术成长和人生经历，使广大科技工作者能够深入了解和学习老一辈科学家学术成长历程中的感人事迹和优秀品质，继承和弘扬老一辈科学家报效祖国、服务社会的奉献精神，求真务实、勇于创新的科学精神，团结协作、淡泊名利的团队精神，为推动上海有机化学研究所的创新发展、国家的科技进步贡献力量！

丁奎岭

中国科学院上海有机化学研究所所长

2019年1月

序 二
我心目中的父亲

我的父亲陈庆云是个性格平和又"个性独特"的"倔老头",只要他认定的事任何人都改变不了。已经九十多岁的他每周仍然雷打不动地去单位,即使在家也经常捧着文献资料认真研究。父亲一辈子勤奋,为人谦逊,笃行"求实是本、奉献为先"。他把一生的心血都贡献给了矢志不渝的氟化学事业。

感恩图报的父亲

父亲的尊师敬老给我留下了深刻记忆,一直是我们儿女的榜样。我出生之后跟外公外婆在上海生活,父母在北京工作,一年就回上海一次。1963年,父母从北京的中国科学院化学研究所调到上海有机所,在城乡接合部的天山新村安家。他们每天骑自行车上班,单程要30分钟。外公过世后,我跟父母一起生活。父亲谦逊低调,对生活条件要求很低,也不愿麻烦人。那时母亲经常出差,外婆瘫痪在床生活不能自理,父亲每天早上买好早点,等外婆吃完再去上班。父亲的科研工作很忙,但他坚持照顾外婆,数十年如一日,从无怨言,邻居们都夸他是个孝顺的女婿。

对于教导过他的老师,父亲十分敬重。一位是北京大学化学系的邢其毅教授,他是父亲氟化学研究的引路人。有一次邢教授在上海开会,顺便来家里做客。我记得那几天父亲一直很兴奋,还拿出家里珍藏的邢教授专著《基础有机化学》给我介绍。那一天，84岁高龄的邢教授来到我家位于老式公房的四层楼，家里像过年一样热闹。父亲每次去北京都会拜访邢教授，邢教授也十分关心父亲，他们之间既是师生情谊更是学术挚友。

父亲的另一位恩师是苏联留学期间的克鲁扬茨院士。克鲁扬茨是个严谨而有趣的人，在他的严格要求下，父亲顺利毕业拿到副博士学位，研究成果还获得了一项苏联专利。离开苏联后，父亲把一丝不苟的科研精神带回国，并在后续对70多位研究生的培养过程中一以贯之。

对于苏联留学时的小导师Gambaryn（"丹娘"）博士，父亲也一直很感恩。在"丹娘"的指导下，父亲开始研究六氟丙酮，其间由于吸入有毒气体导致白细胞数量降低，影响他的身体健康。当时唯一的治疗手段就是注射昂贵的维生素B_{12}，父亲当时的经济条件无力承担，"丹娘"便拿出自己微薄的稿费为他购买药品，这让父亲十分感动，并且一直铭记在心。后来父亲有机会去苏联进行学术交流，那时"丹娘"的生活很拮据，父亲就用自己并不宽裕的收入帮助她。

谦逊平凡的父亲

父亲平时不善言语，甚至很少交际，但是每当有同行或学生来访，他总是滔滔不绝地和对方讨论学术问题。尤其当在中国科学院化学研究所工作的二舅来家时，家里就变成一场专业的学术讨论会。二舅十分敬重父亲，经常就化学问题请教他。受父亲影响，二舅在四川化工厂工作几年后报考了研究生，成为"文化大革命"后的第一批硕士研究生。

我是农历八月十五出生的，父亲在写给苏联同事的信件里把我称作"小月亮"，后来外公外婆就一直喊我"小月"。上小学后，母亲说名字中间有"小"喊不响，父亲就将"小"挪到"月"上变成了"肖"。父亲对我们完全是"散养"，他不辅导我们的课程，而是以身作则，激励我们努力学习。例如，为了加强国际交流，45岁的父亲还专门去上海交通大学学习英语口语。对于报考什么学校、选择什么专业、从事什么工作，父亲完全尊重我们的想法。

我女儿读中学时，学校曾特别邀请他作报告，父亲毫不含糊，将自己近 70 年来踏踏实实研究氟化学的历程向同学们娓娓道来，告诉大家要有"求实为本、奉献为先"的精神。

父亲热心科普工作，为社区和街道的科普基地建设贡献力量。他参加社区楷模讲堂，将科普知识和科学精神传递给更多人，为科学事业奉献一个老科学家的力量。

奋斗终生的"氟系"父亲

我家的书橱中堆满了父亲的中外文书籍、证书和奖状，还有一块石头板。小时候我们想要拿出来玩，父亲总是不让。这是一块聚四氟乙烯板，是父亲在苏联留学时的同事送给他的，当时中国还没条件和能力生产聚四氟乙烯，父亲将它从苏联带回来，一直珍藏至今。

父亲为了氟化学事业奋斗终生。我小学二年级的时候，父亲在有机所的北新泾工厂上班，每天早出晚归。当时我国轻工业正处在高速发展阶段，电镀需求量大幅提高，但电镀时产生的强氧化剂铬雾直接威胁工人的身体健康。父亲在试验场研制防铬雾抑制剂，每天都会接触大量有害气体，他说空腹喝牛奶能降低毒气对身体的损害，所以他每天早餐都要喝一杯牛奶。经过两年多夜以继日的努力，父亲与课题组的同事们终于试制成功了我国独创的 F-53 电镀防铬雾剂。

父亲一辈子获得了很多荣誉和奖励，其中我印象最深的是电视专题片《我敬佩的共产党员》，我们全家都参与了拍摄。这是一部由上海市委宣传部和上海市委组织部推出的纪录片。这部纪录片使我从他人的视角更全面地认识父亲，也看到了父亲为中国氟化学走向世界前沿作出的重大贡献。

2019 年 1 月 25 日欣逢父亲九十华诞，上海有机所举行了"陈庆云院士九十华诞庆贺会暨学术报告会"，我和母亲在现场聆听了多位领导和同事回顾父亲在国家"忍辱负重"到"奋斗图强"的时代背景下不平凡的科研历程。父亲谦虚地表示自己"只是我国氟化学工作者中普通的一员"。

父亲，我为是您的女儿而感到骄傲、感到自豪。

陈 肖
2022 年 10 月

目 录

老科学家学术成长资料采集工程简介

总序一 ································· 韩启德

总序二 ································· 白春礼

总序三 ································· 周　济

序　一 ································· 丁奎岭

序　二　我心目中的父亲 ··················· 陈　肖

导　言 ································· 1

| 第一章 | 从私塾到北京大学 ················· 5

　　家乡种福坑 ···························· 5
　　切不要见异思迁 ························ 6

考入长郡联立中学校 ·· 7
省立一中与"移风社" ·· 9

| 第二章 | 从西方语言文学到化学 ···································· 11

报考西方语言文学 ·· 11
转入化学系 ·· 14
名师荟萃的化学系 ·· 15

| 第三章 | 从长春到莫斯科 ·· 19

长春光机所 ·· 19
留苏生活 ·· 23
六氟丙酮的反应研究 ·· 25
六氟双酚 A 与专利 ·· 28
严厉的导师与活跃的学术集体 ···································· 29
苏联生活 ·· 32

| 第四章 | 国家需要与氟材料研究的起步 ······················ 35

进入化学所 ·· 35
氟橡胶 1 号与六氟丙烯 ·· 36
调入上海有机所 ·· 38
氟油研制与调聚反应 ·· 40
高能黏合剂与四氟肼 ·· 41
发现亲卤反应 ··· 43

| 第五章 | 研制铬雾抑制剂与氟利昂代用品 ················ 47

受命研制铬雾抑制剂 ·· 47

多条路线探索铬雾抑制剂 ·············· 49
F-53 在电镀工业的广泛应用 ·············· 51
新型制冷剂 ·············· 54
专攻液相法：无需催化剂也能得到制冷剂 ·············· 56

| 第六章 | 二氟卡宾、三氟甲基化与单电子转移反应 ·············· 60

F-53 奠定基础研究的基石 ·············· 60
全氟烷基磺酸酯的特殊反应 ·············· 62
发现多种二氟卡宾新前体 ·············· 64
三氟甲基化与"陈试剂" ·············· 67
氟烷基卤代烷的单电子转移反应 ·············· 69

| 第七章 | 交叉与应用：含氟卟啉与"陈试剂"新发展 ·············· 75

从二氟卡宾前体到二氟卡宾的反应研究 ·············· 75
氟化学和卟啉结合：含氟卟啉的研究 ·············· 77
惰性氟烷基氯代烷的碳—氯键活化 ·············· 83
"陈试剂"的新发展 ·············· 85

| 第八章 | "上海氟化学"与凝聚集体智慧 ·············· 87

打造"上海氟化学" ·············· 87
"培养研究生，而不是操作工" ·············· 90
开启与拓展国际交流与合作 ·············· 95
凝聚集体智慧 ·············· 102
把氟化学用起来 ·············· 103

结　语　陈庆云学术成长特点 ································· 106

附录一　陈庆云年表 ······································· 112

附录二　陈庆云主要论著目录 ······························· 123

参考文献 ··· 160

后　记 ··· 164

图片目录

图 1-1　湖南省立第一中学校园旧貌……………………………………… 10
图 2-1　1951 年，陈庆云全班同学与蒋明谦、邢其毅在北京大学理学
　　　　院合影………………………………………………………………16
图 2-2　陈庆云与恩师邢其毅在北京大学……………………………………17
图 3-1　长春中国科学院仪器馆旧貌…………………………………………20
图 3-2　陈庆云参加留苏选拔的报考登记表…………………………………22
图 3-3　1959 年，陈庆云在列宁格勒…………………………………………24
图 3-4　六氟双酚 A 的研制方法获苏联专利证书……………………………29
图 3-5　1959 年，陈庆云获得的光荣证书……………………………………31
图 3-6　留苏时陈庆云与黎志远、宗慧娟和李维刚合影……………………32
图 3-7　陈庆云留苏毕业鉴定表………………………………………………33
图 3-8　陈庆云留苏时期学生证………………………………………………33
图 3-9　陈庆云副博士学位证书………………………………………………33
图 4-1　1960 年秋，陈庆云与中国科学院化学研究所的同事合影…………36
图 4-2　1965 年，上海有机所研究小组同事合影……………………………41
图 4-3　陈庆云与袁承业、蒋锡夔、戴立信参加学术会议后留影…………46
图 4-4　1982 年 7 月，有机氟化学和自由基化学的研究获得国家自然
　　　　科学奖三等奖　　　　　　　　　　　　　　　　　　　　　　 46
图 5-1　陈庆云和汪猷、黄维垣参加学术会议………………………………50
图 5-2　1981 年，陈庆云在上海光明电镀厂进行铬雾抑制剂 F-53 的
　　　　测试…………………………………………………………………53
图 5-3　1982 年 10 月，抑铬雾剂 F-53 及其制备获国家发明奖三等奖……53
图 5-4　1979 年，陈庆云参加美国冬季氟化学会议后与 Tamborski
　　　　教授交流……………………………………………………………54
图 5-5　1980 年 2 月，F-115 的合成获上海市重大科研成果奖三等奖……55

图 5-6	1990年，陈庆云在日本旭硝子公司作报告	56
图 6-1	1986年12月，"全氟和多氟烷基磺酸"项目获中国科学院科学技术进步奖三等奖	63
图 6-2	20世纪90年代，陈庆云与小组成员讨论	65
图 6-3	20世纪90年代，陈庆云与小组成员讨论三氟甲基化反应	67
图 6-4	1994年，陈庆云和小组成员讨论单电子转移反应	70
图 6-5	陈庆云改进脱卤亚磺化反应研究文献学习笔记	71
图 6-6	2012年，丁奎岭为陈庆云颁发首届中国化学会黄维垣氟化学奖	73
图 7-1	2005年，陈庆云和多比尔教授在第十七届世界氟化学会上交流	76
图 7-2	陈庆云卟啉相关文献学习笔记	80
图 8-1	20世纪90年代，陈庆云在实验室指导学生	91
图 8-2	2019年，陈庆云九十华诞庆贺会上与学生们合影	92
图 8-3	2018年，陈庆云在办公室看文献	94
图 8-4	2019年，陈庆云九十华诞庆贺会上与多比尔教授合影	96
图 8-5	1979年，陈庆云在肯尼迪空间试验中心观看人造地球卫星发射	96
图 8-6	1979年，陈庆云、黄维垣和唐纳德·伯顿教授交流	97
图 8-7	1979年，陈庆云在美国伊萨卡学院与诺贝尔奖得主霍夫曼教授交流	97
图 8-8	1982年，陈庆云在南斯拉夫奥赫里德参加学术会议	98
图 8-9	1986年，陈庆云与黄维垣、戴行义在巴黎	99
图 8-10	1990年，陈庆云率团赴日本考察	100
图 8-11	1991年，陈庆云在德国波恩参加第13届国际氟化学会议	101
图 8-12	1997年，陈庆云在加拿大温哥华参加国际氟化学会议	101

导 言

　　本书写于2019年，恰为元素周期表诞生150周年。氟元素是元素周期表中非常特殊的一种元素，它是电负性最大的元素，氟原子是除氢原子之外原子半径最小的原子，而且碳—氟键是碳原子参与的最强的单键。这些特殊性质带来了独特的氟效应——当在分子中引入氟原子或含氟基团时，往往能明显改变分子的物理、化学或生物性质。

　　中国科学院上海有机化学研究所（简称"上海有机所"）有这样一群科研人员，他们专注有机氟化学，致力于研究、发掘和放大含有碳—氟键的有机化合物所具有的独特氟效应，并取得了全球瞩目的成果。作为我国氟化学学科的发源地，上海有机所一直是我国有机氟化学基础和应用研究的中心，在国际氟化学研究领域占有一席之地，被誉为"上海氟化学"。

　　《氟缘笃志：陈庆云传》通过对一生迷恋氟化学的陈庆云院士的学术成长历程进行专门考察，探讨和挖掘中国科学家的科学精神，以及这种科学精神与他个人科学风格和共同体科学传统之间的关系，进而在全球化学发展的背景下理解中国化学发展的特殊性。

　　陈庆云是中国有机氟化学研究领域的奠基人之一，关于他的学术成长经历，我们尽可能全面地检索了公开发表的文献和出版物，这些材料大多是对陈庆云生平与研究成果的简短介绍，还不够翔实，缺乏对学术成长经历各阶段的细致考证与专门描述，缺少对陈庆云学术成长特点或科研风格的学术探讨。

2017年8月，"陈庆云院士学术成长资料采集工程项目"正式启动，该项目围绕陈庆云院士的学术成长经历进行了一系列资料的收集工作，在此基础上对其学术生涯展开研究。采集小组调研了与陈院士相关的档案、手稿、著作、信件、照片等资料，还对陈院士本人及其同事、学生、同行等进行了深度访谈。采集小组搜集到许多珍贵的资料，如陈庆云院士在1959年6月举行的苏联科学院元素有机化合物研究所青年专家会议上被授予的光荣证书；1959年获得的六氟双酚A苏联专利证书；留学苏联取得的副博士学位证书；与日本化学家宇根山健治（Kenji Uneyama）的通信；文献摘录手稿和工作笔记。这些原始资料成为我们深入研究陈庆云学术思想与风格的重要依据。

采集过程中，特别让采集小组动容的是陈庆云院士在每次访谈时，都会精心准备大量实物资料或仪器。比如，他当年进行化学实验时自己设计和使用的旋蒸头等，这些仪器在今天看起来不起眼，但却是他当年亲自设计并请专人制作而成的。又如，陈庆云一直保留着一块从苏联带回来的聚四氟乙烯板，虽然这在今天是常见的材料，但如果回到20世纪60年代，置于我国高分子工业发展的特定历史时期来重审它的价值，就可以看到我国在化学工业和化学研究领域这六十余年的长足进步，因为那时我国还没有能力和条件生产聚四氟乙烯。特别是，陈庆云在苏联留学时期的导师及实验室成员送给他的苏制电子管电唱收音一体机，多次搬家也未舍得丢弃，一直保存至今，并将它捐赠出来。它承载着师生情谊，也记录着氟化学研究的发展脉络。类似的实物资料和访谈细节还有很多。

在传记的形成上，我们通过对搜集的资料进行分析和考证，通过访谈补充和澄清已有文献资料中缺失或者模糊、有争论的细节，细致地还原陈庆云的家庭环境、求学经历与科研历程。传记的结构以时间为纵线，以陈庆云学术成长的重要时间节点和阶段作为章节划分的标准，对陈庆云学术研究方面的思想脉络与代表性学术成果、在学术组织与人才培养等方面的主要贡献进行系统论述。其中，第一章和第二章介绍了陈庆云的求学生涯与教育背景,北京大学开拓式的培养令他受益永久。第三章介绍了陈庆云在苏联留学的经历,导师的严格要求加上实验室和谐融洽的学术气氛,让他在六氟丙酮的研究中受到了严格的训练,这一成功的起点激发他探索未知的强烈欲望,逐渐成为迷恋氟化学的一员,并笃志研究有机氟。第四章讲述陈庆云留学回国后开始从事氟材料的应用研究,找到四氟乙烯制取六氟丙烯的最佳条件,为大量生产六氟丙烯提供依据。与此同时,他尽可能地做一些基础研究,通过获得全氟叔丁基碘的反应结果,第一次直接证明了氢卤反应,这是中国人提出的比较早的、带有自己独特思想的一个反应,凸显了他如何在应用研究与基础研究之间找到平衡点。第五章围绕铬雾抑制剂与氟利昂代用品的研制,论述了陈庆云如何做"有用的氟化学"。铬雾抑制剂是我国有自主知识产权的产品,直到现在,全国上千家工厂仍在使用这个产品。第六章讲述了陈庆云如何在铬雾抑制剂的研制中发展出一条专属的含氟链,在二氟卡宾、三氟甲基化与单电子转移反应等基础研究中探索出一套独有的"陈氏方法学"。第七章介绍陈庆云如何开展关于"陈氏方法学"新用途的工作,真正做到用特色的"陈试剂"做特色的工作,并向交叉与应用领域拓展。第八章讨论为什么上海有机化学研究所会获得"上海氟化学"的国际声誉。

在我们的采集团队里,既有研究科学思想史的学者,也有从事氟化学研究的科研人员。我们在书中想要呈现的是中国科学家在特定的社会与文化情境中的具体科学实践,而不是假定或者询问他们如何像或者不像发达国家的科学家一样从事科学。此外,我们在研究中还借鉴了多学科领域新的研究进路与理论,特别是全球科学史视野,发掘中国近现代科学与科学家的独特性。我们试图用科学哲学的概念工具分析陈庆云的科学研究方法与思维方式,特别是化学解释中的因果解释与预测之间的关系在陈庆云从事的氟化学研究中的特殊性,以及应用基础研究、技术、基础研究在陈庆云不同时期研究中的具体体现等。

第一章
从私塾到北京大学

1929年1月25日,陈庆云出生于湖南沅江,祖籍湖南湘乡。父亲陈保生,母亲易良,均为农民,以种水稻为生,农闲时经营小商品生意。

家乡种福垸

陈庆云的家乡位于湖南省益阳市沅江市,地处湖南省东北部,洞庭湖滨,西南有绵延丘岗,北部是冲积平原,东南多芦荡沼泽,呈现"三分垸田三分洲,三分水面一分丘"的湖乡地貌特征。现代文人曾作"重渡湖南沅江景":"苍翠武陵伴春秋,碧波沅江水自流。一地黄花逗燕舞,谁家桃枝笑竹楼。"[①]

沅江景色虽美,但是对于陈庆云的父母和乡邻等依靠种植水稻为生的农民而言,却并非好事。陈庆云的家在洞庭湖边上的种福垸。因为平原不多,土地稀缺,农民们需要到浅滩处抢地围田。浅滩淤泥堆积,土地相对

[①] 王国谦:《禹州文学作品选·古体诗词卷》。北京:中国文联出版社,2002年,第213页。

肥沃，陈庆云家里和乡邻所种的水稻生长较快，因此比起其他地方的农民，生活要略微轻松一些。陈庆云的父母在农闲时会做些小生意，卖一些杂货，这样才有条件供他念书，"否则根本别想"。①

1937年，陈庆云进入沅江县的私塾读书，私塾的教学形式比较随意，学生的人数并不固定，多则十几人，少则七八人。私塾先生教《论语》《三字经》等，陈庆云只知道跟着读，对于具体的内容根本不懂。

回忆起童年时光，陈庆云感叹："童年就是应该玩的，小时候虽然生活条件艰苦，但心情还比较愉悦。"②

切不要见异思迁

在私塾学习几个月后，陈庆云进入湖南省南县益智乡中心小学学习。南县隶属益阳市，地处湘鄂两省边陲，是洞庭湖区腹地。南县的南边与沅江市隔河相望，东南与大通湖、北洲子等几大农场连成一片，为湖南省36个边境县之一。

益智乡中心小学是一所正规小学。陈庆云进入小学便开始住宿，住宿费不高，因此家里能够负担。小学的课业有英文、算数、体育、音乐等，老师要求严格。关于小学时期具体的课程学习，陈庆云没有太多印象，倒是对小学毕业时的情景记忆犹新。毕业时，同学们都会拿着一个小记事本请老师们题字留作纪念，陈庆云也不例外。其他老师的题字，陈庆云印象已经模糊，只记得校长汤菱次题字："你很聪明，切不要见异思迁，你将来会有出息。"

即便是现在，陈庆云也时常回想起这句话，揣摩校长的意思应该是不要看到新鲜时髦的事物就改变主意。陈庆云认为自己并不聪明，不过学习

---

① 陈庆云访谈，2018年1月3日，上海。资料存于采集工程数据库。

② 《与科学家同行》访谈组：《与科学家同行》。南京：南京师范大学出版社，2015年，第210页。

很用功，所以校长用"聪明"来鼓励他，而这句"切不要见异思迁"一直激励着陈庆云。

考入长郡联立中学校

小学读完后，接下来怎么办，陈庆云并没有清晰的概念，务农的父母也没了主意。陈庆云的邻居是当地一个大地主家的管家，有些文化。这位管家希望自家孩子能够继续念书，也鼓励陈庆云继续念书。

陈庆云的父母虽然文化水平不高，但是觉得儿子总归要有知识，不要做农民，"因为当时农民实在太苦了，特别是发水灾的时候，一片汪洋，家里什么都没有了"。[①] 因此，陈庆云的父母在内心深处觉得，得支持孩子好好念书。陈庆云年龄尚小，并不知道自己为什么要念书，只是对读书有兴趣，想多读书了解世界上的各种事情。

在邻居的鼓励下，陈庆云准备考初中。当时正值抗日战争期间，长沙已经沦陷，许多初中都搬到了乡下。陈庆云与邻居家的小孩一起，在父亲的陪同下走了一天多，到湖南省安化县蓝田镇参加长郡联立中学校（简称长郡中学）的考试。两人都考上了，于是结伴去上学。陈庆云后来谦虚地称自己是很"幸运"才考上了初中，"当时也不知道怎么会考上，但是现在看来应该是因为我一贯是一个书呆子"。[②]

当时，长郡中学并没有正规的校舍，而是借用当地同乡会的房屋。同乡会原本是当地同乡之间联络和交流的场所，由于长沙沦陷，学校便临时借用了蓝田同乡会的一所房子。房子很大，有两层楼，但看起来破破烂烂。长郡中学将同乡会的房子改造成多个隔间，作为教室。

联立中学是由许多县联合设立的中学堂。从历史沿革上，长郡联立中学校肇始于清光绪三十年（1904年）长沙府知府颜钟骥创办的长沙府中学

[①] 陈庆云访谈，2018年1月3日，上海。资料存于采集工程数据库。

[②] 同①。

堂，校址设在长沙市黄泥街，是当时长沙府唯一的一所府立中学堂。该校在长沙首倡新学。辛亥革命后，府制废除，原长沙府属十二县的驻省中学合并于长沙府中学堂，长沙、湘阴、浏阳、湘潭等县人士倡议建立联立中学，于是将旧有的长沙府中学堂及十一属所设立的县立学堂联合为一个学校，定名为湖南长郡联立中学校，面向长沙、善化、湘潭、益阳等十二州县招生。1912年，湖南省有县立中学12所，其中湘阴、益阳、安化3所驻省的中学并入长郡联立中学校，其他则迁回原地与县立中学合并。[①]1914年，湖南巡按使公署整顿各县联合中学，改名为湖南第一联合县立中学。三年后，该校增设师范科，改名为湖南长郡公学。相比省立中学，联立中学要略低一级。为了维持学校的运行，学生需要交付少许学费，考虑到家里能勉强支付学费，陈庆云就念了这所学校。

长郡联立中学校原来以长沙市三府坪前府中学堂旧址为固定校址，1938年秋迁至安化蓝田镇，租赁永兴统湘乡会馆为临时校舍。陈庆云就读时，校长为鲁立刚。鲁立刚是湖南浏阳人，也曾在长郡中学就读，后毕业于国立武昌高等师范博物地学部，专攻地理。鲁立刚曾在国立东南大学任教，1924年回长沙，1936年出任长郡中学校长，共计13年。[②]陈庆云就读期间，鲁立刚还创办了湖南气象测候所和《湖南日报》。鲁立刚在教育和地理学方面均有建树，著有《地学概论》，亲自教授学生地理课程，立"朴实沉毅"为校训。[③]陈庆云对他记忆尤深，并深感敬佩。

> 鲁立刚很有名，学地理出身，有学识，学校所有的地理课程都是他教的。鲁立刚的儿子也很有出息，是做股票生意的大财团，资助过长郡中学。鲁立刚的地理课教得特别好，因此那个时候我比较喜欢地理。我们的课程有地理、历史、算术、英文等，除了地理，我还特别喜欢英文，数学就马马虎虎的。[④]

[①] 朱汉民：《湖湘文化通史：第四册》。长沙：岳麓书社，2015年，第394页。
[②] 毛炳汉：《当代湘籍著作家大辞典》。长沙：湖南文艺出版社，1997年，第413页。
[③] 长沙市地方志办公室：《长沙市志：第16卷》。长沙：湖南人民出版社，2002年，第577页。
[④] 陈庆云访谈，2018年1月3日，上海。资料存于采集工程数据库。

鲁立刚潜心教育事业，有自己的教育理念，强调尊师重教及重名轻利、用人唯贤及言传身教、救国育才及文理并重，①这些都对长郡中学的维系起了很大作用。在他的影响下，长郡联立中学虽然条件艰苦，老师做事情却非常正规和严格。②

省立一中与"移风社"

抗战时期，成绩好的初中生可以直接升高中。陈庆云本可以在长郡联立中学校继续读高中，但需要交付一定的学费，因为家庭困难，陈庆云放弃了直升高中的机会。当时湖南省立第一中学不要学费，只收饭费，条件是要通过入学考试。

湖南省立第一中学创办于1912年，是湖南省最早的省立中学，历史悠久。现在为长沙市第一中学。

1945年秋，陈庆云进入省立一中，先是在涟源县七星街的校址读了一段时间，抗战胜利后回到长沙清水塘现校址读完高中。陈庆云至今仍记得省立一中老师的谆谆教诲和严肃认真的治学精神，"母校的老师个个都不错，道德、学识在当时的中学界都是一流的"。③

除了课程学习，陈庆云还在同班同学郭道尧的影响下，加入了学校的进步学生组织"移风社"。"移风社"是1932年淞沪战争后由周信芳在上海组织的京剧演出团体，"移风社"即"移风易俗"之意，有时称"移风剧社"，"旨在改变上海苟且偷安、妥协投降的风气"，主张剧社多演爱国剧目。该社成立后立即北上，到过济南、天津、北平、东北、青岛、南

---

① 孙琦，孙海林：鲁立刚的教育实践与教育思想。《湖南第一师范学报》，2004年第1期，第7-10页。
② 陈庆云访谈，2018年2月9日，上海。存地同①。
③ 湖南省长沙市第一中学，长沙市第一中学校友会：《我与一中》。2002年10月，第196-197页，内部资料。

京、汉口等地，1935年回到上海。1937年"八一三"事变后，周信芳重组"移风社"。① 省立一中的"移风社"是学生自觉组织的，为地下党在学校的外围组织。

图 1-1　湖南省立第一中学校园旧貌

1948 年 7 月，陈庆云从湖南省立第一中学毕业。当时郭道尧的哥哥郭道辉正在清华大学念书，也是地下党组织的共产党员。他告诉陈庆云等正在读高中的同学，"到北平去读书很好，不要学费的，不会被饿死"。② 在他的影响下，陈庆云报考了北京大学的西方语文学系。

---

① 徐幸捷，蔡世成：《上海京剧志》。上海：上海文化出版社，1999 年，第 67-68 页。
② 《与科学家同行》访谈组：《与科学家同行》。南京：南京师范大学出版社，2015 年，第 212 页。

第二章
从西方语言文学到化学

1948年秋，陈庆云从长沙搭乘火车、轮船等多种交通工具，历时一个多月抵达北京大学，开始了四年的大学生活。

报考西方语言文学

西方语文的范畴很广，有英文、德文等，侧重西方文学。陈庆云为什么想报这个专业呢？因为他很喜欢看小说。高中时，凡是能找到的小说他都看过了。陈庆云所处的年代，考大学、上大学非常曲折和艰辛，读完高中之后的出路很少。至于为什么想考北京大学，陈庆云当时觉得：

> 要考就应该考清华大学或北京大学，我不想学理，就学文。我喜欢英文，喜欢地理。但是要作为一个职业，学地理也不见得是好事，我也不喜欢。我主要是想念书。那个时候，北京大学有名气的是文科，文科就是考英文，于是我就考西方语文学系。那个时代没有细想

将来要干什么,想法都很简单。①

当时考大学并没有统一考试,而是由高校在不同地区设置考点。北京大学在长沙没有考点,最近的考点在武汉,因此陈庆云必须到武汉去参加考试。

> 我从长沙坐火车到武汉,火车上连座位都没有,只能坐在地上,要坐一个晚上。考试科目有地理、历史、英文、语文,还要写一篇作文。历史、地理我不知道考得怎么样,英文我觉得还可以。②

除了北京大学,陈庆云还报考了湖南大学。那时正值内战,通信不方便。1948年5月,陈庆云参加完在武汉的考试,却一直不知道是否被录取,就先去中学当教员,讲授地理。直到收到北京大学学生会欢迎他的通知,才知道自己考上了,但正式的录取通知书他一直没收到。③

> 那时我家已经不在湖南沅江,搬到另外一个地方了。考完北京大学以后,自己有没有被录取根本不知道。那个年代只有两种方式能收到通知:一种是邮局寄来通知书,类似现在的录取通知书;另外一种就是登报。我们在乡下看不到报纸。有一天我收到一个小信封,里面是北京大学学生自治会的一个欢迎通知,信中说我已经考上北京大学西语系,欢迎到北平来。④

考虑到北京大学学生会的通知不会有假,陈庆云推断自己被北京大学录取了,于是家里开始替他筹借路费。由于战争,武汉到北平的火车不通,陈庆云只能从长沙坐火车到武汉,然后从武汉坐船到上海,再从上海

---

① 陈庆云访谈,2018年1月3日,上海。资料存于采集工程数据库。
② 同①。
③ 《与科学家同行》访谈组:《与科学家同行》。南京:南京师范大学出版社,2015年,第212页。
④ 同①。

坐船到天津，最后从天津坐火车到北平。因为没法提前买票，他到上海后等了好几天才买到票，到北平时已是10月了。原本正为自己迟到而惴惴不安，巧的是，他在汉口坐船时碰到了两个也要到北京大学去报到的同学。

> 有了同伴就好多了。我们先坐船到上海，准备买船票到天津。当年买票不像现在这么方便，跑到招商局的卖票处一问，说需要等几天才有票。于是，我们在上海打了一个电报给北京大学，说我们的船票没定到，申请延期报到。①

10月中旬，陈庆云进入北京大学西方语文学系学习。"当时考取北京大学的有两种，一种是一般取录，另一种是有奖学金的，考得好的才有奖学金。我没有奖学金，应该就是一般考取的。"② 北京大学不收取学费，还向每个学生发放助学金。由于家里并不富裕，除了报到时来北平的路费，家里就没再寄过一分钱。陈庆云就从学校每个月给的伙食费中节约一些出来，不过也仅够买一些肥皂等生活用品，不可能再买零食、衣物之类的东西。虽然艰苦，但是也足够支撑陈庆云的生活和学习。

到北京大学没多长时间，解放军就包围了北平城。因为饥寒交迫，收入维持不了生活，1948年10月25日，北京大学82位教授联合发表《停教宣言》，提出："我们每月收入不过维持几天的生活，难以安心工作。政府对于我们的生活如此忽视，我们只能进行借贷来维持家人目前的生活。我们不得不决定自即日起，忍痛停教五日，并要求学校在一周内支薪津二月，以免挨饿。"③ 在这种情况下，许多教授不上课，大学生也不念书了。当时的环境虽然复杂，但是北京大学地下党组织的同志们一直在默默护校，北京大学校领导一直努力让学校正常化，这使得北京大学校园内还能有基本的学习保障，如电灯、水等。当时北京大学校址是分散的，有北

---

① 陈庆云访谈，2018年1月3日，上海。资料存于采集工程数据库。
② 同①。
③ 王学珍：《北京高等教育纪事：1861年~1949年1月》。北京：中国广播电视出版社，2006年，第315-318页。

京大学一院、二院、三院和四院。陈庆云和同学们住在四院,在北京国会街,就是现在新华通讯社所在地,离北京大学总部红楼很远。

虽然北平被围、学校停课,但是对于陈庆云来讲这却是一段难得的读书时光。陈庆云所住的四院有一个图书馆,他每天在图书馆看小说。在北京大学的第一年,陈庆云把四院图书馆的小说几乎都看遍了。

1949年1月31日,北平宣告和平解放。2月1日上午,各大专院校师生齐聚北京大学民主广场庆祝。此后,北京大学的教学开始逐渐恢复正常。

转入化学系

北京大学的学制一般为四年,实行学分制,本科生的课程按照学分计算。在教学安排方面,北京大学对基础课比较重视,除了注重让学生掌握本门学科的基础知识外,也希望学生能了解与本专业有关的其他学科的基础知识。如物理系的学生要学数学系的全部课程,哲学系的学生须选修一门理科课程。在课程设置上,以一般基础课为主,然后是专业基础课,最后是专业课。特别是在低年级时,基础课所占比例较大,学校鼓励学生按照自己的志愿和实际情况获得一定程度的自主发展,如东方语文学系只修文学院共同必修课程。① 由于北京大学对低年级学生在基础知识上的特殊要求,陈庆云所在的西方语文学系要求学生在一年级时修习化学。

有一天上化学课,老师对陈庆云等同学说:"你们怎么还在这里?还不赶紧南下,帮解放军解放上海。"这位老师有进步思想,看到这么多学生依然在课堂上课有点着急,觉得当时最紧急的任务是支持解放南方,陈庆云的不少同学都去了南方。陈庆云没去,他觉得"我来念书很不容易,刚从南方来,又跑回南方去干吗呢?我爱念书,虽然是特殊年代,但我这个年纪还是应该多念书。于是,我就没去南方,选择继续待在北京大学。"

---

① 萧超然:《北京大学校史 1898-1949》。上海:上海教育出版社,1981年,第304-307页。

但是，继续待在北京大学应该做些什么？这时陈庆云开始思考自己为什么学文学了。他发现自己当初选择文学就是因为"好玩"，那时从外文系毕业后，主要工作是教书、做翻译，这对他来说并不是一个最佳选择。他很喜欢化学，而且发现化学更加实用，作为一个职业倒是不错。于是，他想转学化学。1949年7月，陈庆云转到化学系。北京大学的管理很人性化，转专业比较方便，不需要考试。当时北京大学本部有一院、二院和三院，化学系属于理学院，位于本部三院，医学院、农学院也都在三院。转到化学系后，陈庆云就从四院搬到了三院。

名师荟萃的化学系

关于北京大学化学系的课程设置，北京大学讲师讲员助教联合会编的《北大院系介绍》中介绍：化学系一年级，本系开设的课程只有普通化学；二年级功课较重，有定性分析、定量分析、有机化学等；三四年级有理论化学、高等无机、高等有机、生物化学、工业化学等。除了本系的课程外，还要读两年德文，物理系和数学系的课程也要读一些，力求让学生知识广博。

当时的北京大学化学系汇聚了一批学识渊博的教授。进入化学系后的第一年，陈庆云跟随系主任曾昭抡[①]教授学习普通化学，跟随唐敖庆[②]教授学习化学数学。陈庆云记得唐敖庆讲授的内容非常前沿，比国内早了十几年，"五十年代的时候，他就从数学的观点来讲化学，而中国兴起量子化

[①] 曾昭抡（1899-1967），湖南湘乡人。化学家，教育家，社会活动家，1948年当选为中央研究院院士，1955年当选为中国科学院学部委员（院士）。1926年获麻省理工学院博士学位。1931-1937年任北京大学化学系教授。长期从事国防化学和无机化合物的制备、有机化合物的合成和分析、有机理论方面的计算、分子结构以及元素有机化学等方面的教学与研究工作。

[②] 唐敖庆（1915-2008），江苏宜兴人。物理化学家，1955年当选为中国科学院学部委员（院士），中国现代理论化学的开拓者和奠基人，被誉为"中国量子化学之父"。专长物理化学和高分子物理化学，特别是量子化学。

图2-1 1951年，陈庆云（一排左2）全班同学与蒋明谦（二排右5）、邢其毅（二排右4）在北京大学理学院合影

学却是六七十年代的事情了"。[①] 到二年级时，邢其毅[②]教《有机化学》，高崇熙[③]讲授《有机定量分析》。进入三年级时，蒋明谦[④]讲授《高等有机化学》，徐光宪[⑤]讲授《物理化学》。蒋明谦的授课注重将化合物的结构与功

[①] 陈庆云访谈，2018年1月3日，上海。资料存于采集工程数据库。

[②] 邢其毅（1911—2002），有机化学家、教育家，中国科学院学部委员。1933年毕业于辅仁大学化学系；1936年获得伊利诺伊大学哲学博士学位。1946—1949年在北京大学农化系和化学系任教授，兼任北平研究院化学研究所研究员。提出了合成氯霉素的新方法，参加和领导了牛胰岛素全合成工作。

[③] 高崇熙（1901—1952），无机化学家、化学教育家。1922—1926年留学美国威斯康星大学化学系，获博士学位。1946—1950年任清华大学化学系教授、系主任，兼任北京大学化学系教授。在无机合成研究中成绩卓著，研制成功的硬质玻璃结束了我国完全依赖进口的历史。

[④] 蒋明谦（1910—1995），1931年考入北京大学化学系，1935年毕业留校任教。1940年考取清华大学公费留学美国，1943年获得美国马里兰大学药学院硕士学位后，进入伊利诺伊大学化学系攻读博士学位。在研究结构性能定量关系方面进行了开拓性工作，提出诱导效应指数和同系因子，发现同系线性规律及共轭基团的结合规律，在理论有机方面取得了重要发现。

[⑤] 徐光宪（1920—2015），浙江省上虞县（今绍兴市上虞区）人。物理化学家、无机化学家、教育家，中国科学院学部委员，被誉为"中国稀土之父"。1944年毕业于交通大学化学系，1951年获美国哥伦比亚大学博士学位。长期从事物理化学和无机化学的教学和研究。

能结合起来，同时关注有机合成与有机分析。物理化学是化学系的一门主要课程。彼时，徐光宪刚从哥伦比亚大学获得理论化学博士学位，在哥伦比亚大学还做过物理化学课程的助教，对这门课程比较有基础，同时化学系还派了三位业务能力很强的青年教师来做徐光宪的助教。徐光宪对这门课程极为重视，自己还编写了讲义。①

在这些教授中，陈庆云与邢其毅最为亲近。陈庆云当时是有机化学课代表，特别喜欢有机化学，课后常常就有机化学的相关问题求教邢其毅。邢先生每次都非常高兴地跟学生讨论问题，耐心解答，鼓励和引导学生深入思考，这些对陈庆云后来从事有机化学研究都有潜移默化的作用。在邢其毅先生百年诞辰时，陈庆云特意撰文表达对恩师的怀念。"他教我们有机化学一年，从有机化学最基本的知识开始，一步一步、由浅入深地把我

图 2-2　陈庆云与恩师邢其毅（左）在北京大学

---

① 叶青，黄艳红，朱晶：《举重若重：徐光宪传》。北京：中国科学技术出版社，2012年。

们带进有机化学这个广阔的天地。"①

  1952年,因为国家急需建设人才,原本四年制的大学,学生学习了三年就毕业了。1952年夏,陈庆云从北京大学毕业,也就是说陈庆云在北京大学一共读了四年,西方语言文学学了一年,化学学了三年。

---

① 陈庆云:师恩难忘——纪念邢其毅先生百年诞辰。见:钱存柔编,《松风岁月——邢其毅教授百年诞辰纪念文集》。北京:北京时代弄潮文化发展公司,2011年,第42-44页。

第三章
从长春到莫斯科

1952年，陈庆云从北京大学毕业后，被分配到中国科学院仪器馆（现中国科学院长春光学精密机械与物理研究所，简称长春光机所），主要任务是对光学玻璃在制造过程中的成分进行分析，同时试制标准电池。1955年7月，他到沈阳参加留苏入学考试并获得留苏资格，前往莫斯科学习。

长春光机所

1952年8月，陈庆云进入中国科学院仪器馆工作。中国科学院仪器馆由王大珩、丁西林、钱临照等几位科学家共同发起筹建，任务是"制造与文化建设、经济建设及科学研究工作相配合的精密科学仪器；促进国内科学仪器制造事业的发展"。仪器馆最初设在北京，后迁到长春。得知毕业分配结果后，陈庆云到文津街的中国科学院报到。一同报到的还有清华大学机械系的潘君骅，清华大学物理系的唐孝威、刘顺福、叶式辉，北京大学的邓锡铭等，一共二十多人。这二十多位新成员组成一个临时学习班，开始了一个多月的学习，学习内容包括胡乔木、郭沫若等在中国科学院院务会议上的报告,参观科学院院所,听王大珩副馆长介绍仪器馆情况等。[1]

仪器馆筹建时,原本打算在北京西郊选址,但当时新中国刚刚成立,仪器馆既要承担科研任务,还要具备仪器生产能力,需要大片土地。加上当时国家的投资重点在工业方面,仪器馆如果设在北京,获得建馆经费和土地的时间都要延后。1951年,中国科学院决定在最早解放且具有一定工业基础的东北设立分院,发展东北地区的科学研究。负责东北分院工作的武衡欢迎王大珩将仪器馆建到东北,时任东北人民政府主席高岗也表示东北人民政府可以投入经费马上建馆。王大珩考察了长春的地理位置和设施条件,认为可以以长春前东北科学研究所附属仪器馆试验工厂作为基础建设仪器馆。1952年初,中国科学院决定由仪器馆筹备委员会和东北科学研究所(现中国科学院长春应用化学研究所的前身)联合在长春组建仪器馆,王大珩、龚祖同随即到长春办理接管手续。[2] 仪器馆创立之初,房子

图3-1 长春中国科学院仪器馆旧貌

---

[1] 叶青,朱晶:《聚焦星空:潘君骅传》。北京:中国科学技术出版社,2019年。
[2] 《所志》编委会:《中国科学院长春光学精密机械与物理研究所所志(1952-2002)》。吉林:吉林人民出版社,2002年,第5页。

破旧，人员构成也很复杂。① 除了王大珩物色的高级研究人员和技术人员，还有北京应用物理所光学车间人员，原长春东北科学研究所物理研究室光学仪器组和试验工厂的研究人员等，陈庆云和潘君骅等大学生也是其中的重要构成。

仪器馆筹建之初，王大珩便意识到光学玻璃在新中国建设中的迫切需要，向当时的东北人民政府申请了40万元专款，并邀请龚祖同调入长春仪器馆，负责光学玻璃的试制工作。龚祖同从1951年春提出设计试制车间任务书后，即刻奔走联系建筑设计和施工单位，当年动工并完成厂房建造，协助的助手只有刚大学毕业分配来的刘颂豪。1952年秋，陈庆云和干福熹、王世焯、张佩环、沃新能等大学毕业生来到仪器馆。

龚祖同担任光学玻璃实验室的主任。光学玻璃实验室除了在1952年成立化学组，还成立了原料和配料组、坩埚组、熔制组、检验组和行政组。② 光学玻璃实验室共有研究人员18人，主要从事光学玻璃的研制和化学分析方法的建立。因为刚建立，需要探索的方向和开展的工作很多。仪器馆早先的机构设置是"口袋式"，多种方向和仪器都有所探索，实验室承担方向的包容性很强。因此，除了玻璃分析的工作，稍微有些空，陈庆云就和其他三四个同事一起试制一些标准电池，同时也做一些零碎的工作。

> 标准电池没做几天，又做玻璃上的镀膜。一会儿做这个，一会儿做那个，没有专门的、固定的工作。后来又分配来三个人，也是学化学的，做分析实验。像打杂一样，一会儿设计实验室，一会儿做标准电池。③

1955年，上级部门给所里几个留苏指标，报名人员要到沈阳参加考试，通过后才可以去苏联学习。所里派了两个人，一个是陈庆云，另一个

---

① 干福熹：《中国近代和现代光学与光电子学发展史》。上海：上海科学技术出版社，2014年，第25页。
② 同①。
③ 陈庆云访谈，2018年1月3日，上海。资料存于采集工程数据库。

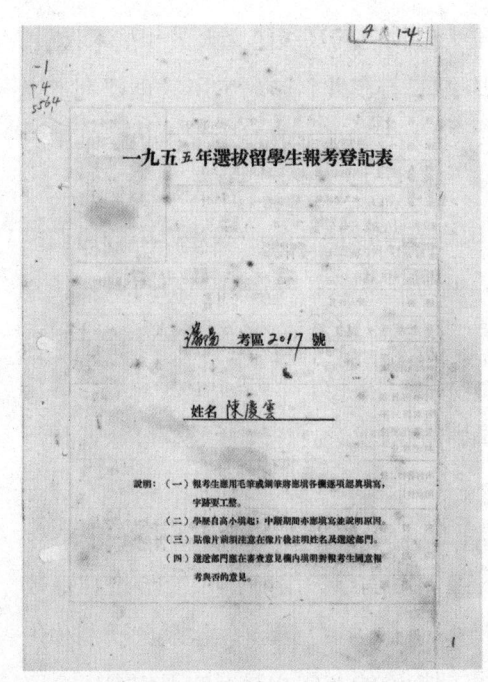

图 3-2 陈庆云参加留苏选拔的报考登记表

是学物理的。留苏入学考试要考专业课，如有机化学、物理化学，还要考政治、语文和英文。陈庆云接到通知时，距离考试仅剩半个月时间。

物理、化学虽然学过，但我考得并不是很满意，有些考试的内容并没学过。对于有机化学，我自己觉得考得很好。有机化学的试题很多，我估计这是邢其毅先生出的试题。①

通过考试后，还要到北京俄语学院留苏预备部集中培训。集中培训期间主要学习俄文，因为培训学员中少有人学过俄文，所以老师们从单词开始一个一个教。除了俄文，还有一门政治课，通过该课程后，到苏联就可以不用修习了。此外，还有一些讲座和活动，如介绍苏联的文化等知识。

留学苏联的研究方向，在国内时就已经选好了。陈庆云记得，有人发给他一个表格让他填写，其中有一项是让留苏学生选择研究方向，陈庆云选了"氟化学"。其实，他当时根本不知道氟化学是什么，在北京大学学习的都是最简单的普通化学，选择这一专业纯属偶然。"我随便圈了一个'有机氟'，想不到这一圈便成了我的终身职业。"② 出国前，陈庆云到北京大学拜访邢其毅先生，并征求邢其毅对他选择氟化学的意见，其间还谈及留苏考试化学试题的问题。

---

① 陈庆云访谈，2017 年 11 月 20 日，上海。资料存于采集工程数据库。
② 陈庆云：难忘的莫斯科岁月。见：中国科学院院士工作局编，《科学的道路上》。上海：上海教育出版社，2005 年，第 436-438 页。

我问他,"邢先生,题目是不是你出的呀?"他笑而不答。我说我有一个题目没做对。他告诉我说,那个是催化反应的题。这证明题目是他出的。这个并不奇怪,因为当年北京大学教有机化学的老师就是他。[1]

留苏生活

一年的俄文学习结束后,1956 年,陈庆云进入苏联科学院元素有机化合物研究所攻读副博士学位,师从苏联科学院院士、苏联军事科学院少将伊万·柳得格维奇·克鲁扬茨(I. L. Knunyants)[2] 和甘巴里扬(N. P. Gambaryan)博士。苏联科学院元素有机化合物研究所原来的所长是聂斯米扬诺夫,过世后便以他的名字命名为聂斯米扬诺夫元素有机化合物研究所。陈庆云的导师克鲁扬茨师从著名有机化学家齐齐巴宾,专攻有机合成,还接管了齐齐巴宾五间简陋的实验室,担任研究室主任。实验室在离苏联科学院本部很远的地方,很陈旧,是一幢非常普通的房子,上面一层平房,下面是地下室,加起来一共五间实验室。就在这个最普通的实验室里,陈庆云开始了氟化学研究。

与陈庆云一同出发到莫斯科的留学生很多,其中到苏联科学院的至少有几十人。他们从北京坐火车,途经哈尔滨、西伯利亚,历经六天七夜才抵达莫斯科。留学生在苏联的生活费每个月大概 800 卢布,这些生活费可供留学生坐地铁、吃饭和其他日常开销。

陈庆云到莫斯科后的前半年没有被安排进入实验室,而是继续学俄文,由老师一对一地教授。当时苏联科学院为留学生搭建的宿舍楼还没有完工,留学生们前半年都住在旅馆,之后才搬到专门为中国留学生准备的

---

[1] 陈庆云访谈,2017 年 11 月 20 日,上海。资料存于采集工程数据库。
[2] 伊万·柳得格维奇·克鲁扬茨(1906-1990):亚美尼亚裔苏联化学家,苏联科学院院士,苏联氟碳化学学院创始人,聚己内酰胺合成领域的先驱,获得了许多享有盛誉的奖项,包括社会主义劳动英雄、列宁勋章、列宁奖、斯大林奖等。

宿舍。宿舍是两人间，陈庆云的第一个室友是梁栋材，他1955年从中山大学化学系毕业，后进入苏联科学院元素有机化合物研究所攻读副博士学位，主要从事蛋白质晶体学和结构生物学研究，1980年当选为中国科学院学部委员（院士）。陈庆云和梁栋材一起住了一年多。第二个室友是曾汉民，他1955年毕业于中山大学化学系，1956—1957年在苏联莫斯科门捷列夫化工学院学习，1958年进入苏联科学院元素有机化合物研究所攻读副博士学位，和陈庆云在同一个研究所学习，但是在不同的研究室。其他同去苏联的同学，有的被分配在物理所，有的在无机化学所。

陈庆云在苏联的学习生活安排得很紧，是六天工作制。周一到周六都用来学习和工作，周日上午是政治学习，周日下午用来洗衣服和置办生活用品。每个工作日，陈庆云总是上午九点乘地铁上班，中午不休息，一直到晚上八点离开实验室，回到宿舍简单用餐后便继续学习，直到克里姆林宫的午夜钟声和苏联国歌奏响才就寝。周而复始。暑假，他跟苏联人一起劳动。那时苏联的暑假有一两个星期，既可以去疗养院，也可以去莫斯科附近游玩，而且吃饭不要钱。但是中国留学生们都不愿意去，因为时间太紧张，大家都希望利用这一两个星期的时间读书、做实验。1959年7月的暑假，陈庆云与多名同学去列宁格勒游览了一周，这是他在苏联留学期间最长的一次休假。这种紧张有序的生活并没有让他感到枯燥和寂寞。

图3-3　1959年，陈庆云在列宁格勒

六氟丙酮的反应研究

20世纪50年代，苏联有三个有机氟化学研究中心，方向分工明确，分别是克鲁扬茨负责的苏联科学院元素有机化合物研究所与苏联军事科学院的氟化学研究室，专攻含氟烯烃与亲核试剂及亲电试剂的反应；新西伯利亚的雅克柏生院士领导的实验室，专门进行含氟芳香化合物的反应研究；雅哥伯斯基教授领导的团队，他们在乌克兰的有机化学研究所进行含氟脂肪族化合物的反应研究。除此之外，还有专门研究和生产含氟材料的部门。这些都凸显出苏联当时在含氟化合物研究和生产领域的领先水平。除了苏联，英国哈泽尔丁（Haszeldine）实验室的氟化学研究在全世界名列前茅，几乎囊括了所有有机化学中含氟领域的研究，实验室人数很多，三五人专攻一个课题，能够同时展开一系列的课题研究。除了经费充足，实验室负责人哈泽尔丁能力也很强，可以同时指导一系列课题。"实事求是地说，当时苏联的氟化学技术比我们国家先进很多，和西方国家（发展水平）一样。国家需要我们去学习（先进的科学技术），我选择去学是对的。"[1]

导师克鲁扬茨负责苏联科学院和苏联军事科学院两边的实验室工作，平日非常忙碌。陈庆云这一批留学生，每人都有一位"小导师"，在各方面给予指导和帮助。陈庆云的"小导师"是克鲁扬茨的学生甘巴里扬博士，大家都叫她"丹娘"。

刚进实验室的时候，陈庆云觉得自己什么都不懂，糊里糊涂地过了半个月。熟悉环境后，他就跟着丹娘做实验。陈庆云虽然在北京大学做过一些物理实验，但是有机合成的化学实验做得很少。

北京大学当时对学生的培养，如果说有什么缺点的话，那就是有机实验做得少。为什么做得少呢？因为我们的条件不行，那个年代好几个

---

[1] 《与科学家同行》访谈组：《与科学家同行》。南京：南京师范大学出版社，2015年，第218页。

大学并在一起，北京大学的学生加上清华大学的一部分学生，还有外面的很多大学的学生也一起并到化学系，人很多，导致实验做得少了。①

陈庆云记得自己刚到苏联时，他的导师曾说："这个学生怎么不会做实验？"有机化学实验在陈庆云看来并不是很复杂，"就是两个东西加到容器里面再加热，看反应起动不起动。反应不起动，就失败了，要弄清楚原因；若反应起动了，原料变成了什么东西要分析清楚。"② 对他来说，基本的有机合成实验操作并不困难，难的是对结果进行分析。当时还没有核磁共振技术，红外光谱也才刚刚面世，元素分析是唯一可靠的分析手段。然而，元素分析对化合物的纯度要求非常高。

做元素分析，关键就是化合物的纯度，不纯净就白干了。当年我们做的实验至少都需要10克、8克，甚至几十克、上百克的原料加在一起反应，反应结束后得到的产物量很少，有时甚至一点都没有。现在学生们做实验，原料只用毫克级，产物用核磁和质谱检测，结果就出来了。我们那个年代没有这些仪器分析，就靠元素分析检测，所以那个时候做实验特别辛苦。③

克鲁扬茨特别重视基础研究，注重探索氟化学领域的基本反应。往反应中加入新的含氟原料，以此研究前人没有做过的实验、探索新反应的可能性，这就是实验室当时集中研究的方向。进入实验室一段时间后，陈庆云便开始研究六氟丙酮以及它的一些基本反应。之所以选择研究六氟丙酮的基本反应，是因为当时实验室还没有人研究六氟丙酮这种物质，虽然文献上报道过六氟丙酮，但是它有哪些性质、能够发生什么反应、如何合成，几乎没有相关研究。

在研究六氟丙酮的反应过程中，虽然从聚四氟乙烯高温裂解会产生

---

① 陈庆云访谈，2018年1月3日，上海。资料存于采集工程数据库。
② 同①。
③ 陈庆云访谈，2017年11月20日，上海。存地同①。

有毒的全氟异丁烯，但这是当时唯一能在实验室较大量制备六氟丙酮的方法。虽然彼时实验室有简单的通风柜，但其通风效果远不及现在的通风橱。

> 闻了全氟异丁烯导致我严重咳嗽，这是非常危险的。但是有什么办法呢？我在喝完两瓶生牛奶、症状得到缓解后又接着干。一方面，当年留学苏联的机会很宝贵，祖国在那么艰苦的条件下送我们出来读书非常不容易；另一方面，我不想给中国人丢脸，因此非常珍惜时间。几年以后，我的白细胞含量持续下降，数量极低。丹娘等人就把自己的稿费（当年在苏联写综述类文章是有稿费的，但是很少）拿出来买维生素 B_{12} 给我注射。后来因白细胞太低，打维生素也不管用了，以致到现在还影响我的健康，甚至因此也导致我女儿的白细胞数量偏低。[①]

在六氟丙酮这个领域，陈庆云研究的第一个反应是最简单的格氏试剂与六氟丙酮的反应。在分析反应结果时，他敏锐地注意到所得的结果并非预期的 α,α- 双三氟甲基叔丁醇，倒很像已知的 α,α,α- 三氟叔丁醇，不过沸点低了 3~4℃。这个结果困惑了陈庆云半年，最终他将这一结果告诉了克鲁扬茨。得知这一异常现象的克鲁扬茨非常兴奋，他觉得这个实验结果非常重要，并同陈庆云反复讨论各种可能性，设想各种机理、路径来解释这一现象。

现在看来这是很简单的实验，结果也并不复杂，但是在当年由于分析检测方法非常有限，陈庆云花了半年时间做各种假设并验证，克鲁扬茨也做了多种设想，最终才发现是使用乙醚为溶剂产生的结果，即正常产物 α,α- 双三氟甲基叔丁醇与溶剂乙醚的恒沸物。陈庆云的这个发现发表几年后，美国化学家也遇到了类似的恒沸现象，这也证实了他的结论。经过这个项目的研究和探索，陈庆云解决问题的能力得到了很大提升，他感慨

[①] 陈庆云访谈，2017 年 11 月 20 日，上海。资料存于采集工程数据库。

"失败往往能够锻炼人",比他先入学的研究生同事也开玩笑说:"陈,你现在起飞了,进步快了。"①

六氟双酚 A 与专利

在陈庆云之前,有许多人想合成六氟丙酮,他们尝试了多种方法,但是往往不成功而且路线复杂。高温裂解的方法最为简洁,所需原料只有聚四氟乙烯废料或者废品做成的粉末即可,易得且经济实用。若干年后,有研究者想到用六氟环氧丙烯为原料来合成六氟丙酮的方法,但是需要特殊催化剂并且路线复杂。直到今天,仍然很少有人研究六氟丙酮的合成。

陈庆云研究的第二个课题是六氟双酚 A 的合成。六氟双酚 A 的非含氟类似物双酚 A 是一种极为有用的化工原料,可以作为各种高分子材料合成的单体。陈庆云认为,六氟双酚 A 可能是一种性能更加优异的双酚 A 替代物。要得到它,需要在双酚 A 中将两个甲基替换成两个三氟甲基。通过多次实验,陈庆云发现无水氟化氢是六氟丙酮与苯酚反应得很好的缩合剂,苯酚加氟化氢再加六氟丙酮,在 100℃条件下加热就可以高产率地得到六氟双酚 A。这一方法原料易得,反应条件温和,后处理简便,产率优秀。克鲁扬茨知道后非常高兴。1959 年,该方法获得苏联专利,直到现在,世界各大化学公司仍在沿用这个方法生产六氟双酚 A。

陈庆云的另一个研究课题是六氟丙酮与含活泼氢原子的化合物的反应。当时许多实验室都没有六氟丙酮这种原料,所以这些工作就成为陈庆云所在实验室的研究优势与特色。在这类研究中,值得提及的是六氟丙酮与硝基甲烷或丙二酸酯的反应。陈庆云成功制备了 1,1-双(三氟甲基)硝基乙烯和 1,1-双(三氟甲基)-2,2 双(乙氧酰基)乙烯。已有的文献报道,在 α,β-三氟甲基硝基乙烯和 α,β-三氟甲基不饱和酯中,硝基和酯基拉电

---

① 陈庆云访谈,2017 年 11 月 20 日,上海。资料存于采集工程数据库。

子能力都比三氟甲基强，但在1,1-双（双三氟甲基）-2-乙氧酰基乙烯中，两个三氟甲基拉电子能力比一个酯基强。陈庆云用他合成的两种新化合物与亲核试剂反应，发现1,1-双（三氟甲基）硝基乙烯中，含两个三氟甲基的确比一个硝基的拉电子能力强，而出人意料的是，在1,1-双（三氟甲基）-2,2-双（乙氧酰基）乙烯中，两个三氟甲基的拉电子能力却仍然比两个酯基还要强。

陈庆云根据这一结果撰写了文章，克鲁扬茨亲自修改并推荐给了《苏联科学院院报》。《苏联科学院院报》在当时的权威性很高，这说明陈庆云的研究结果很重要。

图3-4 六氟双酚A的研制方法获苏联专利证书

按惯例，这篇文章的署名顺序是导师、丹娘、陈庆云，但克鲁扬茨将陈庆云排在第一，自己排在最后；而丹娘则坚持要把她的名字删掉，理由是她完全没有参与这一工作。当陈庆云收到校样时，看到没有丹娘的名字，认为不妥，因为如果没有丹娘的帮助自己不可能有这样的进步。他马上赶到《苏联科学院院报》编辑部，把丹娘作为第二作者添加到论文中。

严厉的导师与活跃的学术集体

克鲁扬茨对学术要求非常严格。他是苏联科学院的院士，也在苏联军事科学院工作，获得了少将军衔。他去科学院的实验室时也穿军装，较少穿普通衣服。陈庆云记得，导师每周二、周四会到实验室依次检查大家工作，来了之后的第一句话是问好，第二句话就是问有什么好结果、有什么新进展，如果没有新结果，他的脸便马上"多云转阴"，甚至训斥学生，因此实验室的人都很勤奋刻苦。

陈庆云清晰地记得，一次在做六氟丙酮的合成实验时，他没有将装有六氟丙酮水合物的玻璃瓶放在安全的位置，被导师训斥了一顿。

> 由聚四氟乙烯裂解生成六氟丙酮，拿到产物是很不容易的。有一次我把装产物的瓶子放在实验台中间，他那天一看到就责备我："怎么搞的，放在这个地方不安全，你知道花了多长时间、多大力气才拿到它吗？应该再加一个外罩。"他一个外国人穿着军装发起脾气真的吓人。我只好说"好的，下次改正"。待他走了以后，旁边的人安慰我说："陈，你别计较，他今天情绪不好。"后来想想他也对，我从头到尾花了很多力气、冒着中毒的危险才得到产物，万一瓶子碎了就白费工夫了。这个情景让我印象非常深刻。[1]

克鲁扬茨非常鼓励实验室同事之间的学术讨论和互相帮助，支持创新和创造。虽然他在一开始讲得很明确——他交代的反应实验课题一定要做，但同时也鼓励大家做自己想做的任何实验，非常尊重学生和助手的提议。克鲁扬茨指导学生有一套独特的方法，这也使实验室形成了一个传统，那就是大家都很乐意讨论学术问题，有时候中午吃饭时，大家会坐在一起边吃边讨论，或者在工作间隙边喝咖啡边讨论，甚至争得面红耳赤。

> 不管你是学生、老师还是院士，在讨论问题时，大家都是平等的。你可以说我这个想法不对，我可以说你的想法也不对，大家争论得很激烈。然而这都没有关系，对实验室的同事来讲这是很自然的一

---

[1] 陈庆云访谈，2018年1月3日，上海。资料存于采集工程数据库。

件事。我觉得这很不容易，大家不需要顾及面子，可以直接说"老师，我觉得你这个观点不太对"，这个风气是非常好的。①

克鲁扬茨的学术视野相当开阔，对氟化学、有机化学甚至是药物化学领域的研究都相当熟悉。正是在这种既严格又平等的氛围下，陈庆云在苏联留学时期的进步特别快，基于自己的研究工作，他一共发表了八篇文章，并申请到一个专利。1959年6月，由于在研究含氟丙酮工作中的优异表现，陈庆云在苏联科学院元素有机化合物研究所青年专家会议上被授予光荣证书。

经过四年的学习和研究，陈庆云完成了以六氟丙酮反应为主题的相关研究和副博士论文。1960年5月7日，克鲁扬茨在陈庆云副博士论文的扉页上写下"和你在一起工作很愉快，祝你回国后为祖国作贡献"作为勉励。6月15日，陈庆云顺利通过副博士论文答辩。按照传统，答辩当日陈庆云要举行酒会以答谢研究室全体同事。陈庆云早就想好，要做一道有中国风味的红烧鸡，还专门到大使馆买了酱油（当年苏联没有酱油卖）。同事们在品尝了陈庆云亲手做的红烧鸡之后都倍加赞赏。

图3-5　1959年，陈庆云获得的光荣证书

---

① 陈庆云访谈，2018年1月26日，上海。资料存于采集工程数据库。

第三章　从长春到莫斯科

苏联生活

1960年6月29日，陈庆云离开苏联，乘火车回国。临行前，实验室的同事送给他由聚四氟乙烯做成的一块板和一根棒。这是因为当时中国还没有条件和能力生产聚四氟乙烯。

陈庆云是克鲁扬茨在有机氟化学研究室的第一个中国留学生。在他之后，陆陆续续又从中国派去了三位留学生，分别是黎志远、宗慧娟和李维刚。

陈庆云留苏期间，时任高教部副部长的曾昭抡曾访问陈庆云所在的苏联科学院元素有机化合物研究所。曾昭抡对中国氟化学的发展非常关心，当时中国还没有氟化学学科，他很早就想派人去苏联学习氟化学。曾昭抡特意带了一个代表团，一行五六个人去拜访克鲁扬茨。

曾昭抡后来到武汉大学任教，在武汉时，他还嘱咐南开的学生要抓紧

图 3-6 留苏时陈庆云与黎志远（左1）、宗慧娟（左2）和李维刚（右1）合影

把氟化学发展起来。所以陈庆云去苏联的第二年，南开派了一个学生到苏联学习。1962年，曾昭抡派武汉大学的学生刘道玉到苏联科学院元素有机化合物研究所学习，做氟化学方面的研究。后来中苏关系紧张，苏联政府驱逐刘道玉回国。曾昭抡一直关心氟化学，叮嘱刘道玉写一本有关有机氟化学的书籍。陈庆云感叹："曾昭抡这一代科学家的精神确实令人感动，在巨大的政治压力下，还一直关心中国科学和氟化学的发展。"

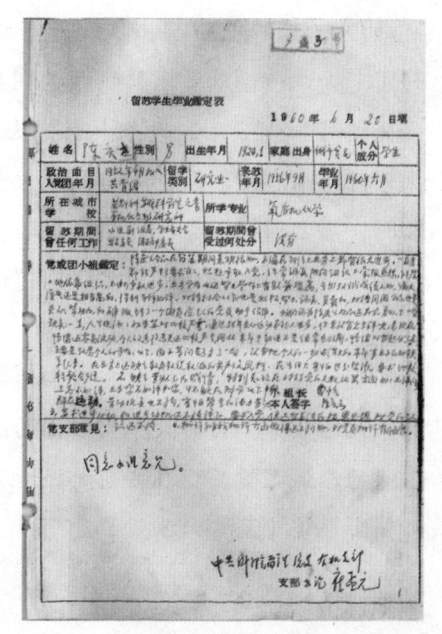

图 3-7　陈庆云留苏毕业鉴定表

图 3-8　陈庆云留苏时期学生证

图 3-9　陈庆云副博士学位证书

第三章　从长春到莫斯科

1960 年 6 月 29 日，陈庆云与其他留学生一起，乘坐火车回国。火车开了七天六夜，从莫斯科到西伯利亚，途经哈尔滨，最后到达北京。这是一列留苏学生专车，火车上有陈庆云认识的同学，也有不熟悉的留学生，大家都异常高兴。由于中苏两国火车铁轨的宽度不一样，列车到达中国边境时，需要停靠一个小时来更换车轮。当火车在边境停靠时，留学生们的眼泪奔涌而出，四年的思乡之情在这一瞬间释放。

  火车跨越国境时，我们非常高兴和激动，大家都流了泪，一个劲儿地鼓掌。当时大家对祖国的感情非常真挚，留学生们都有一颗爱国的赤诚之心，现在回想都还十分感动。现在大家出国的机会多了，体会也许就没这么深刻了。[①]

[①] 陈庆云访谈，2018 年 1 月 3 日，上海。资料存于采集工程数据库。

第四章
国家需要与氟材料研究的起步

1960年,陈庆云从苏联留学回国后,来到位于北京的中国科学院化学研究所(以下简称化学所)继续氟化学方面的研究。同年,调入中国科学院上海有机化学研究所(以下简称上海有机所),开始探索氟材料的研制。

进入化学所

回国后,陈庆云和其他留学生先到北京的中国科学院报到,然后在北京外国语学院参加半个月的政治学习。陈庆云是长春光机所派出去的,长春光机所自然希望他回去工作。在中国科学院报到时,人事处的负责人问陈庆云:"长春光机所和中科院化学所都希望你去任职,你愿意到哪去?"考虑到长春光机所的工作主要与无机化学有关,与他在苏联学习的有机氟化学方向不一致,因此决定去化学所。

图4-1 1960年秋，陈庆云（二排左2）与中国科学院化学研究所的同事合影

陈庆云事后得知，化学所的蒋锡夔[①]和上海有机所的黄维垣[②]看到了他在《苏联科学院院报》上发表的文章，都希望陈庆云回国后到自己所在的研究所工作。其实早在陈庆云没有回国之前，蒋锡夔就向科学院提出希望他到北京化学所工作。

1960年秋，陈庆云来到化学所，加入蒋锡夔的氟橡胶课题组。

氟橡胶1号与六氟丙烯

陈庆云到化学所之前，蒋锡夔已经和课题组的研究人员在研制氟橡胶了。20世纪50年代，由于国防需要，化工部专门成立了为国防工业服务的机构，主要任务是为"两弹一星"生产新型化工材料——氟橡胶和氟树

[①] 蒋锡夔（1926-2017），出生于上海，祖籍南京。物理有机化学家和有机氟化学家，1991年当选为中国科学院学部委员（院士），中国物理有机化学和有机氟化学的奠基人之一。1947年毕业于上海圣约翰大学化学系，获特等荣誉理学士学位；1952年7月获得美国华盛顿大学有机化学博士学位。1956年3月进入中国科学院化学研究所工作。1963年7月调入中国科学院上海有机化学研究所，历任副研究员、研究员，第五届、第六届学术委员会主任。1978年创立了中国科学院第一个物理有机化学实验室。1994年组建了上海大学化学化工学院，担任院长。

[②] 黄维垣（1921-2015），福建莆田人。1980年当选为中国科学院学部委员（院士），中国有机氟化学的奠基人之一。1943年毕业于福建协和大学化学系，1949年到美国哈佛大学攻读博士学位；1952年从哈佛大学化学系博士毕业后，继续担任博士后研究员；1955年进入中国科学院上海有机化学研究所工作，历任副研究员、研究员、副所长、所长。早年从事甾体化学和天然产物化学的研究，20世纪50年代末转向有机氟化学和含氟材料的研究，先后研制成功氟油、氟塑料、氟橡胶、含氟表面活性剂及氟碳代血液。

脂，这两类材料具有其他材料不可比拟的优异性能。氟橡胶被称为"橡胶之王"，具有耐高温、耐油、耐溶剂、耐多种化学药品侵蚀、气密性好、耐强氧化剂等特性，同时还具有良好的物理机械性能，可用于航空、导弹、火箭、舰艇、原子能等国防领域。美国杜邦公司在1948年就开发成功并逐步实现了商业化，但美国对中国进行技术封锁，禁止向中国运送氟橡胶和氟树脂，对合成过程更是严格保密。

1957年，化学所接到国家任务，开始研制有机氟橡胶。1958年，化工部集中了中国科学院与部分高校的科研力量，进行国防化工产品的试制和生产。化学所、上海有机所、长春应用化学研究所和复旦大学的研究人员召开专门讨论会，确定了4种不同的氟橡胶合成途径，并分别开展合成途径的探索和试验。

蒋锡夔课题组选择单体作为合成目标，先合成全氟丙烯和偏氟乙烯（1,1-二氟乙烯）作为单体。在克服了实验条件简陋、含氟原料供应短缺、经验不足等困难后，他们在5个月内合成了单体原料，并进行了聚合反应的实验工作，最终获得了一块白色的氟橡胶。1959年5月初，蒋锡夔和胡亚东等人带着氟橡胶的样品到军方汇报工作进展，合成路线和样品受到肯定，被选定为军工产品的原料。又经过两个多月的努力，在上海有机氟化工厂研制出军工产品，后来被命名为"氟橡胶1号"。

陈庆云的到来，进一步加强了化学所氟橡胶课题组的科研力量。由于承担的任务非常重要，化学所的氟橡胶课题组后来从有机化学研究室独立出来，并配有一栋两层楼的房子作为实验室，研究人员多达几十人，研究组组长是蒋锡夔，副组长是胡亚东。

氟橡胶1号虽然成功研制出来，但是制造氟橡胶的两个单体——六氟丙烯和偏氟乙烯的获取路线都太复杂。其中六氟丙烯使用电解氟化的方法获得，但过程复杂、产量低、效果差，无法应用在工业上。所以虽然成功获得了氟橡胶1号样品，但六氟丙烯的问题没有解决，已有的合成路线无法实现量产。因此，陈庆云开始考虑换更新的路线合成六氟丙烯，"蒋锡夔说，这件事情我们一起讨论做，我来的第一个任务就是做六氟丙烯。"[①]

---

① 陈庆云访谈，2018年1月3日，上海。资料存于采集工程数据库。

陈庆云和蒋锡夔等人在研究二氟氯甲烷高温裂解制备四氟乙烯的过程中发现，当裂解时间延长时，会有少量的六氟丙烯生成。根据已有的理论，四氟乙烯在600~700℃的高温裂解后，可以获得六氟丙烯。鉴于此，他们设想通过优化条件得到更多的六氟丙烯，从而直接从二氟氯甲烷高温裂解实现六氟丙烯的高效合成。这种方法的反应过程简单，只需要在高温下将四氟乙烯气体裂解即可，但缺点是裂解后的副产物多，分离困难，需要用到操作难度很高的低温分馏技术。为了实现产物的分离，陈庆云探索了相当长的一段时间。

一般的分馏操作，如酒精和水分馏，只需要加热蒸馏即可。低温分馏则首先需要将所有的裂解产物冷却成液体，再慢慢升温，根据沸点的不同，慢慢调节温度收取产物。先蒸馏出来的是沸点低的物质，然后是沸点高的物质，产物中的不同成分必须分离开，整个过程很复杂。

六氟丙烯的整个制备过程需要高温加热、冷冻和低温分馏，分馏的气体产物再装到钢瓶中，过程非常复杂。不仅如此，高温炉、低温分馏仪以及检测仪器都要自己制作。研究室当时还有一部分复员军人，负责取冷冻液、液氮、干冰等体力劳动，陈庆云等技术人员负责低温分馏实验。陈庆云在苏联研究六氟丙酮时的操作经验对他探索获取六氟丙烯的工作起到了关键作用。

经过两年多的努力，陈庆云终于找到了制取六氟丙烯的最佳条件，为大量生产六氟丙烯提供了依据。通过六氟丙烯、偏氟乙烯和四氟乙烯的共聚，陈庆云等人陆续研制成功了氟橡胶2号和3号，为国防事业提供了支撑。

调入上海有机所

当时，国内有几个单位在同时开展氟橡胶的研制，除了化学所，上海有机所也成立了有机氟化学研究室，上海市化工局在1960年还成立了上海特种橡胶研究所，专门进行有机氟材料的研制与开发工作。尽管如此，有机氟化学的研究在中国仍属于空白领域。即使在世界范围内，有机氟化学的兴起也是20世纪40年代的事情，仍然是一个亟待开垦的领域。不仅在橡胶塑料领域，有机氟化合物在染料和医药领域亦表现出了可预期的潜在应用价值。①

氟化氢是研制氟橡胶的基本原料，供应工厂只有上海鸿源化工厂。由于氟化氢是一种高危化学品，运输和储藏条件都十分苛刻。因此，化学所做氟化学方面的研究，只能到上海去拿实验原料，非常不便。

  化学所专门盖了一栋两层小楼给氟化学研究室，说明化学所是想把它做成大事。但是北京的情况和上海不一样，上海的小厂家很多，化工的东西比北京多。当时上海鸿源化工厂很有名气，技术人员储备等各种条件都比北京好得多。因此研究含氟材料，上海的条件比北京好。当时在北京很难做电解实验，而电解的方法上海老早就有了。②

鉴于上海不仅有研究氟化学的条件，还有工厂支撑，工业条件比北京好；而北京在氟材料研究领域也有自己的优势。1963年，中国科学院邀请各研究所的党委书记和部分研究人员前往各个研究所巡回视察，视察结束后专门召开会议，讨论化学所和上海有机所的调整方案。会议决定，将蒋锡夔负责的氟橡胶课题组调入上海有机所。1963年7月，陈庆云等一行人从北京迁到上海。

  化学所这批人调到上海来，是从整体考虑，这个是很正确的。上海也欢迎北京的人到来。北京当时有一个专门的高分子实验室，做聚合的经验和条件比较好，但上海的工业条件比北京好多了，合在一起总是比分开好。另外，上海有机所当年以做天然产物为主，就金属有机、氟化学、磷化学而言，上海的实力并不突出，而一旦把北京的人员调过来，就增加了上海有机所的力量。在我看来，当时这十几个人到上海，对上海的有机化学发展起到了一定的推动作用。③

---

① 朱晶，黄智静：《虚怀若谷：黄维垣传》。北京：中国科学技术出版社，2015年，第112-113页。
② 陈庆云访谈，2018年1月26日，上海。资料存于采集工程数据库。
③ 陈庆云访谈，2018年1月3日，上海。存地同上。

氟油研制与调聚反应

化学所的部分人员迁往上海后，成为上海有机所第九研究室（有机氟研究室）的一个大组。上海有机所的有机氟研究室是为了从事国家任务而专门设立的，主任是黄维垣，下面设置三个小组。由于研究和开发力量的增强，有机氟研究室在黄耀曾和黄维垣的负责下开展了全方位的氟化学基础研究。

在陀螺仪中，陀螺油作为陀螺球的支承液，可满足航天器以及船舰长期安全航行的要求。陀螺仪的作用是什么呢？导弹、卫星、飞机以及海上舰艇在运行时需要一套系统来调节和控制平衡。这类运载系统的平衡一般以前进方向或者主轴方向作为基准，对其上、下、前、后、左、右进行调节和控制。陀螺仪就是为了实现这种目的，用液浮将整个陀螺泡在液体中，这种陀螺仪被称作液浮陀螺。液浮陀螺所需的液体要有高比重，还要耐高温、耐辐射、无腐蚀性。而氟溴油的各种特性使其非常适合作为陀螺油。

调入上海有机所后，陈庆云和研究室的同事当时所做的一项国防军工课题就是调聚陀螺油。他们设计的方法是以三氟溴乙烯作为原料制备氟溴油。氟溴油研制成功后，在上海有机所实验厂进行了生产，并应用于航天工业。[①] 值得一提的是，虽然当时氟溴油的研制主要为满足航天需要，而不是民用，但是氟油的研究后来也向民用发展，一般相对便宜易得的氟氯油就可以满足民用需要。上海有机所到现在还在针对各种应用需求开发氟油，而目前国防用的导航陀螺油依然是上海有机所开发的产品。此外，20世纪60年代开始，在含氟有机化合物的研究与调聚反应方面，上海有机所的氟化学研究室从最基本的原料四氟乙烯开始，研究了四氟乙烯的悬浮聚合、分散聚合以及同其他烯烃的共聚合反应，获得了以四氟乙烯为基础的各种氟材料；并与工业部门共同努力，促进了这些氟材料的生产和应用。

---

① 《中国科学院》编辑委员会：《中国科学院》。北京：当代中国出版社，2009 年，第 291 页。

图4-2　1965年，上海有机所研究小组同事合影（前排左3为陈庆云）

高能黏合剂与四氟肼

制造高性能炸药用的高能黏合剂研制也是20世纪60年代一项紧迫的国防任务。当时，中国正在集中力量进行原子弹研制的攻关，北京九所是牵头单位。彼时，原子弹的主体炸药用的依然是TNT（2,4,6-三硝基甲苯）和黑索金（环三亚甲基三硝胺）。黑索金是当时能量较高的单质炸药，中国还不能生产，需要从苏联进口。要将TNT或者黑索金做成方便使用的炸药，需要黏合剂将其黏合起来。当时，董海山从列宁格勒苏维埃化工学院核用高能炸药专业毕业回国，发现中国火炸药科学研究和工业制造技术水平与苏联存在一定差距，于是向北京九所领导朱光亚、王淦昌、陈能宽等汇报了关于苏联在新型高能炸药研究方面的成果，并很快整理出近十万字的《新型高能炸药合成化学》。在听取了董海山关于苏联新型高能炸药的研究进展后，朱光亚向二机部提交建议报告，请求在中国开展新型高能炸药研究。此后，国家决定围绕核武器用新型高能炸药开展全国性的协作攻关，并将此项攻关任务取名为"142任务"（也称"142会战"）。攻关地点选在了当时火炸药研制实力最强的三机部西安三所，而上海有机所、兰州化学物理研究所、二机部九所等也被组织起来进行协作攻关，目标是合成和制备出满足核武器特别是氢弹武器设计所需的高能炸药。

1965年，陈庆云被调入黄维垣的研究小组，进行炸药的高能黏合剂研究。高能黏合剂与普通的炸药黏合剂不同，不仅需要将炸药TNT或者黑索金黏在一起，还不能让能量损失，也就是说其自身需要具有高能量，其主要成分是硝基化合物。除了上海有机所，还有好几个单位在做高能材料，不同单位都在合力做试探性工作。[①]

上海有机所参加高能黏合剂研究的有十余人，在实验厂做研究。当时黏合剂的研究并没有一个具体目标，没有规定一定要做哪一种黏合剂，只要敏感度不要太大、能量不要减少、能够把炸药黏在一起就可以了。不同单位将各自的研究进展和结果汇报给二机部，二机部再根据实际效果进行鉴定和挑选。

1967年，含硝基高能黏合剂的研制工作进行了一段时间后，陈庆云被指派进行含二氟氨基高能黏合剂的研制，这是当时国际上最新型的一种高能黏合剂。合成二氟氨基高能黏合剂的关键之一是要合成四氟肼，然后将它和普通黏合剂反应，将二氟氨基团引入其中，就可得到含二氟氨基的高能黏合剂。四氟肼的特殊性和重要性在哪里呢？1968年《化工产品品种赶超参考资料》中对四氟肼有如下描述："一种无色液体，由四个氟两个氮组成，沸点很低，为零下73摄氏度。用途：火箭燃料组分，中间体。赶超依据：用途较大，国内无生产。"[②]四氟肼是一种重要的氟氮化合物，用途很广，但是国内还没有能力生产。正因如此，陈庆云被紧急安排进行四氟肼及含二氟氨基高能黏合剂的研制工作。

四氟肼于1957年由Colbum和Kennedy首次获得——将三氟化氮在带有螺旋形的不锈钢弹体中加热到450℃时进行热还原而制得，产率为72%。陈庆云所在的研究小组采用的不是热还原法，而是电解氟化法。研究工作在实验厂进行，因为实验厂具备相关条件，既有做化工的基础，有专门的

---

① 陈庆云访谈，2018年1月26日，上海。资料存于采集工程数据库。
② 化工产品品种基础资料有机原料。1970年，第34页，内部资料。

车间,还有电解槽以及几十个工人。

  四氟肼是通过电解氟化获得。用尿素做原料,通过电解氟化制得二氟胺,再氧化成四氟肼,这条路线在文献中能够找到。我们通过努力也成功得到了四氟肼。合成得到四氟肼以后,在与普通黏合剂等有机物反应以便将二氟氨基团引入其中时,出问题了。二者一发生反应就会产生爆炸,产物非常不稳定,能量又非常大。一个礼拜爆炸一次,简直太可怕了。你要做的产品,第一本身要稳定;如果不稳定,还没进行反应后处理就炸掉,那还得了。后来项目就被迫停掉了。①

  陈庆云当时住在上海市的真北路,靠近实验厂正门,骑自行车从家出发,20多分钟就能到实验厂。在实验厂待了两年多,含二氟氨基高能黏合剂的研制最终因为产物极不稳定被迫停止。大概一年后,陈庆云才从文献上获悉用含二氟氨基高能黏合剂制作的高能炸药在国外也还是处于研究阶段。文献中提到了跟他们类似的实验现象,即生产出来的四氟肼和有机化合物反应后,产物由于脱氟化氢而不稳定。

发现亲卤反应

  在化学所时期,除了研制氟橡胶,陈庆云等研究人员并没有忘记在可能的条件下做一些基础研究,他们利用制取六氟丙烯时的少量副产物——全氟异丁烯,套用 Krespan 的方法首次制得了全氟叔丁基碘。在上海开展任务性研究工作的同时,陈庆云对全氟叔丁基碘的反应展开了进一步研究。

  1963年1月31日的《化学通报》上发表了陈庆云的论文《含氟烯烃的离子型反应》。他在文中对双键的亲电加成、亲核加成、取代反应等含氟烯

---

① 陈庆云访谈,2018年1月26日,上海。资料存于采集工程数据库。

类的离子型反应进行了综述，并且根据已有文献提出，在含氟有机化合物这一新兴研究领域，研究的最深和最广的是含氟烯烃的制备和性质。在含氟烯与亲核试剂的反应中，陈庆云注意到有一些现象得不到解释，比如，含氟烯烃与亲核试剂的加成反应在什么情况下单独发生？乙烯基型取代反应在什么情况下单独发生？或者两种类型的反应在什么情况下同时发生？烯烃的结构、溶剂的性质等如何影响反应？另外，在有机化学中，甲基、乙基、异丙基、叔丁基作为四个具有代表性的烷基基团对反应的影响？

有机化学里面最经典的反应之一叫 S_N2，即双分子亲核取代反应。当亲核试剂进攻卤代烷烃中与卤素相连的烷基碳时有两种机理，一种是 S_N1，另一种是 S_N2，其中的 2 就是反应决速步涉及两个分子，不是单个分子。当亲核试剂进攻时，是从与卤素相连碳的背面进攻，而不是从前面进攻，前面是碘原子，这就是经典的 S_N2 反应，所谓卤代烷的 S_N2 反应。[①]

从立体化学的观点出发，亲核试剂进攻碳原子有三种途径：一是亲核试剂从离去基团的正面进攻，产物的构型与底物的构型一样，即构型保持；二是亲核试剂从离去基团的背面进攻，产物的构型和底物的构型相反，即构型翻转；三是亲核试剂从离去基团的正面、背面进攻的概率相等。[②] 蒋锡夔在 20 世纪 60 年代就提出了关于全氟的、含氟的卤代烷，S_N1 和 S_N2 都不发生，至少是很难发生，但是一直没有找到合适及明确的例证。

当得知陈庆云和陈秉启获得了全氟叔丁基碘时，蒋锡夔非常感兴趣，因为全氟叔丁基碘正好是 3 个三氟甲基，一个碳原子，旁边有一个碘原子。在 CF_3I 分子中，由于三个氟原子的吸电子性，碘原子呈现一定程度的"正电性"，因而该分子难与一般亲核试剂进行 S_N2 反应。而由于空间阻碍，一般碳氢叔卤化物不能进行 S_N2 反应。因此，具有三个体积较大的三氟甲基基团的叔卤化物全氟叔丁基碘和全氟叔丁基溴更难进行 S_N2 反应。为了证实蒋锡

[①] 陈庆云访谈，2018 年 1 月 26 日，上海。资料存于采集工程数据库。
[②] 赵骏，杨武德：《有机化学》。北京：中国医药科技出版社，2015，第 180 页。

夔的预言,陈庆云和陈秉启等利用 Krespan 法合成全氟叔丁基碘,并证明了它的结构,同时用溴代替碘进一步发展了 Krespan 法,合成全氟叔丁基溴。之后,用全氟叔丁基碘和全氟叔丁基溴与亲核试剂进行反应,很明确地发现它不进行典型的 S_N2 反应,而是发生了亲核试剂进攻卤素,再进行转化。①

全氟叔丁基碘反应作为一个基础研究的小题目,当时参与研究的只有陈庆云、陈秉启以及实习生梁梦兰。更重要的是,在蒋锡夔和陈庆云等发表文章报道了这一现象并提出机理后,时隔二十年,国际上才提出亲卤反应。

> 我们的文章发表 20 年后,才有人提出亲卤反应。现在回过头来看,我们这个工作实际上是世界上第一次关于亲卤反应的例证。这项工作的意义在于很好地验证了蒋锡夔最开始预言的这类全氟卤代烷和亲核试剂不能进行或者很难进行典型的 S_N2。②

中国科学院上海有机化学研究所从事氟化学研究的胡金波也感慨,今天我们在有机化学教材中常见的亲卤反应,其实是陈庆云和蒋锡夔在 20 世纪 60 年代就发现的结果。

> 陈先生在跟蒋先生研究小组做工作的时候,就提出和研究了亲卤反应,这是中国人自己提出的比较早的、带有自己独特思想的一个独特反应……今天看起来一个比较普通的现象,其实是 60 年代陈先生和蒋先生已经报道过的一个反常现象——发现亲卤反应是经过卤素,而不是经过碳原子。这是陈先生他们早期作出的一个非常典型的贡献。③

陈庆云对全氟叔丁基碘反应的研究意义,不仅仅在于发现了一个反常现象,提出了后来的亲卤反应。更重要的是,这项工作开启了他从事氟化

---

① 陈庆云,蒋锡夔,陈秉启,等:全氟和多氟型有机化合物的化学特性:全氟叔丁基碘以及全氟烷基的诱导效应顺序。《化学学报》,1966 年第 1 期,第 18—25 页。
② 陈庆云访谈,2018 年 1 月 26 日,上海。资料存于采集工程数据库。
③ 胡金波访谈,2018 年 5 月 15 日,上海。存地同上。

图4-3 陈庆云（左1）与袁承业（左2）、蒋锡夔（右2）、戴立信（右3）参加学术会议后留影

图4-4 1982年7月，有机氟化学和自由基化学的研究获得国家自然科学奖三等奖

学基础研究的先河。他后来在上海有机所从事的工作，包括全氟磺酸酯的研究，都是以这个反应为基础。

陈庆云和蒋锡夔等首次合成全氟叔丁基碘和全氟叔丁基溴，并在此基础上根据光谱数据首次提出了与过去一般公认的顺序相反的全氟烷基吸电子诱导效应顺序，由蒋锡夔提出的关于非自由基型碳—氧键反应的一般性规律的新假设，以及一系列在有机氟化学和自由基化学领域的工作，获得1982年国家自然科学奖三等奖。

第五章
研制铬雾抑制剂与氟利昂代用品

受命研制铬雾抑制剂

20世纪70年代，中国的轻工业迅速发展，电镀需求量逐渐提高，电镀厂随之发展起来。金属表面为什么要镀铬？电镀铬借助电解作用，在钢铁、铜和铜合金等制件的表面上沉积一层铬，可以提高金属制件的抗蚀性、耐磨性和硬度，修复磨损部分，增加反光性，被广泛应用于机器、电器、仪器、仪表、钟表、反光镜和自行车等多个制造工业。电镀铬根据需求可分为防护和装饰性电镀铬、多孔性电镀铬、耐磨性电镀铬、乳白色电镀铬和复合电镀铬等。比如自行车的钢圈镀层就是电镀铬，不锈钢的钢圈如果不镀铬，就会慢慢腐蚀；手表上面镀一层电镀层，可以起到防腐蚀和装饰作用；缝纫机的器件表面也是如此，这些都是民用产品。电镀铬在军事上的用途也很多，比如在大炮上面镀铬等。总之，电镀铬的用途非常广。70年代，大量电镀厂在中国建立起来，电镀铬技术得到大力推广。上海的电镀厂已实现在铝合金上镀硬铬、在某种特殊的机械零件上电镀铬，使零件具有重量轻、耐磨性好等优点。

然而，电镀工作对人体健康存在威胁。镀铬时，阴极通常是被镀的金属制件，纯铅或铅锑合金板作为阳极，挂入以铬酐和硫酸配成的电解液中进行电镀。电镀铬的工艺流程中需要用到酸蚀液，由于电流密度大，阴极电流效率很低，有大量氢气析出；而阳极用的是不溶性铅合金，有大量氧气析出。阴阳两极大量的气体以气泡形式剧烈地上升至液面，不可避免地把镀液以飞沫的形式带出，形成铬酸雾，简称铬雾。铬雾是一种含有六价铬的剧毒强氧化剂，容易诱发癌症，对血液和呼吸道系统都有损害。除了极强的腐蚀性和毒性，含铬的飞沫还会增加铬酸消耗，污染其他镀液，加速电镀设备的老化。电镀车间多采用抽风排雾设备来保护工人的身体健康，但是铬雾密度大、易凝结，排风并不能很好地解决问题，抽排到大气中的铬雾还会污染环境。上海和广州等地研究成功了铬雾回收器，可以阻挡铬雾，并且部分回收废气中的铬酸，但回收器的设备复杂、占地面积大。[1] 即便采用回收装置，一方面要消耗大量电能，并且回收的铬雾已被污染，不便于再利用；另一方面回收有限，难以避免污染。在这种情况下，电镀厂找到了上海有机所，希望他们研制出能够抑制电镀产生铬雾的产品。

> 上海电镀厂跟上海有机所有业务联系，知道我们做过电解氟化，最早找到我们这儿来。之后，上海光明电镀厂也找了过来。[2]

彼时，陈庆云在上海有机所的实验厂做了两三年的黏合剂之后，手头并没有其他任务。因为一些原因，上海有机所对研究室进行了调整，黄维垣等当时在实验室接受"改造"，所里将解决电镀厂铬雾的任务交给了陈庆云。

---

[1] 覃卓凡，彭子俊：《实用电镀技术问答》。南宁：广西人民出版社，1984年，第176页。
[2] 陈庆云访谈，2018年2月2日，上海。资料存于采集工程数据库。

多条路线探索铬雾抑制剂

陈庆云了解到,除了排风、回收等铬雾产生后再处理的办法,20世纪50年代美国的3M公司(明尼苏达矿业及机器制造公司)已经发明了一种全氟磺酸盐Zeromist用于生产过程中抑制铬雾。除了3M公司,日本尚存、英国凯宁公司都有类似的抑制铬雾的产品,制取方法都是一样的,即通过电解氟化的方式获得含有全氟八个碳的磺酸,它的钾盐就叫Zeromist。"这些处理方法当时是公开的,用在电镀工业上防铬雾"。[①]但是进口含氟的铬雾抑制剂很贵,购买也很困难。

1975年开始,陈庆云带领研究组的十几个人研制铬雾抑制剂,确定了五条技术路线并最终走通了其中的一条路线——利用全氟磺内酯与四氟乙烯、一氯化碘反应,所得产物再与四氟乙烯进行调聚、氟化和水解,得到一类含醚键的全氟烷基磺酸盐。

选择这条路线,虽然最初只是试试看,但也是有原因的。陈庆云自1963年调入上海有机所之后,上海有机所的有机氟研究室在黄耀曾、黄维垣的带领下开展了全方位的氟化学应用和基础研究。在"文化大革命"之前,国外有的产品,上海有机所基本都制得了,也就是说,从氟塑料、氟橡胶、氟氯油到灭火剂、润滑剂等国外有的产品,上海有机所基本上都做出来了。此外,国内还依照杜邦公司的发展进程进一步研发新产品,若杜邦公司有新的聚合物,国内也会研究生产。

在这些产品中,有一个很重要的离子交换膜——Nafion膜。它是美国杜邦公司1966年开发出来的一种具有良好化学稳定性、用于燃料电池的全氟磺酸离子交换膜,被成功应用在美国宇航局的卫星上。当年美国阿波罗号宇宙飞船登月,用的燃料电池中就采用了Nafion离子交换膜,它也被称为质子交换膜燃料电池的"心脏"。

[①] 陈庆云访谈,2018年1月26日,上海。资料存于采集工程数据库。

在民用方面，离子交换膜主要用于碱工业，用于离子交换膜电解法制造氢氧化钠（即烧碱）。离子交换膜开发成功后的1975年，日本公司实现了离子交换膜电解法生产烧碱的工业化，阴极室可得到纯度较高的烧碱溶液。此外，这种方法还具有能耗低、占地面积小、生产能力大等特点。因为制碱业是有关国民经济的关键行业之一，国家将离子交换膜的研制任务交给了上海有机所，而上海有机所也不负众望，通过大量艰苦的实验成功研制出了Nafion膜类似产品。

在研制全氟的铬雾抑制剂过程中，陈庆云想到利用Nafion膜制备中用到的各种含氟原料和产物来做全氟烷基磺酸盐。陈庆云和小组成员先花了一年多的时间，探索从制备Nafion膜的各种原材料出发，以四氟乙烯为基础制备全氟铬雾抑制剂是否可行。1975年10月，最终合成了一类含醚键的全氟磺酸盐，并证实了它是一种很好的新型铬雾抑制剂。

最终实际使用的铬雾抑制剂产品和美国3M公司的Zeromist的差别在哪里？就是中间多了一个氧原子。虽然看起来结构类似，但实际

图5-1 陈庆云（三排右2）和汪猷（二排左1）、黄维垣（三排左2）参加学术会议

的合成路线有很大差别。我们开发了一条全新的路径，具有自己的特色。我们研制的铬雾抑制剂的关键前体是一端含碘、一端含有磺酰氟、中间有一个氧的八个碳的化合物。然而把碘变成氟太贵、太复杂。我们就想到把碘变成氯，这样既方便又便宜，并且反应后的碘变成了氯化碘，正是我们前面反应中用到的一种原料，充分实现了碘的回收利用。这个改变使得生产成本大大降低，最后得到的产品也具有相当不错的铬雾抑制性能。[1]

实验室样品研制成功后被命名为 F-53。F 是氟元素的符号；"53" 是因为黄维垣在实验室接受"改造"时，主要负责送样品和相关分析工作，正好有一天，他送去分析的样品信息记录在实验本的第 53 页。[2] 这样，研究小组用了不到三年时间，便研制成功了一种新型的具有自己特色的铬雾抑制剂产品。

F-53 在电镀工业的广泛应用

F-53 铬雾抑制剂由上海有机所实验室自主研究，与国外的铬雾抑制剂不一样，是全新的产品。产品研制成功后，首先在上海光明电镀厂、上海电镀厂进行试用，证明了其显著的抑制铬雾效果。接下来在上海有机所的实验厂进行试制，以便进行量产和推广。1979 年，实验厂通过扩试表明 F-53 的整个合成路线在工业上是可行的。[3]

从 F-53 的研究到生产的整个过程，陈庆云全程参与，从实验室一直跟随到上海有机所的实验厂。回忆起在实验厂的这段经历，陈庆云感叹

---

[1] 陈庆云访谈，2018 年 2 月 2 日，上海。资料存于采集工程数据库。

[2] 朱晶，黄智静：《虚怀若谷：黄维垣传》。北京：中国科学技术出版社，2013 年，第 134-135 页。

[3] 中国科学院环境科学情报网：中国科学院环境科学成果简介。1980 年，第 149-150 页，内部资料。

"化学"和"化工"是两回事。在 F-53 的产品转化过程中，陈庆云认为实验厂的工程师发挥了很大作用。

> 虽然我觉得我们实验室的工作做得还不错，但是实验室的工作是一回事，实验厂里又是另一回事。实验厂的顾子恺总工程师就起了很大作用。四氟乙烯气体很危险，当年中国还没人将四氟乙烯通过管道输到高压釜里，是从 F-53 开始，才把实验厂含氟的东西真正带动起来……因此真正要为国民经济服务，单靠化学研究是不行的，还要扩大到生产方面。我觉得这是最重要的事情，否则的话仅仅发几篇文章，不能起到实际作用。①

此后，F-53 在全国电镀厂得到推广使用。到 1982 年时，上海有机所实验厂可年产 2 吨 F-53，全国有 985 个单位在使用。每使用 1 吨 F-53，可以为国家节约电费和铬酸费 344 万元。②

> 天津市五金电镀厂在 1980 年 9—10 月，全面使用了 F-53 铬雾抑制剂，每月可以节约氧化铬 10 千克……与使用抽风机去铬雾相比，可节约铬酸 30% 左右。不仅如此，还可以省电 1500 度，不用设备维修费，还保证了工人的健康。③

> 上海自行车四厂使用 F-53 铬雾抑制剂来镀铬，目的是为镀铜－锡合金的工件进行表面装饰。使用 F-53 之后，改善了环境污染，节约了铬酐和电能，在同等条件下，全年节约铬酐 3060 千克。④

与国外同类产品相比，F-53 用量小、效果好，可使镀铬液的表面张

---

① 陈庆云访谈，2018 年 2 月 2 日，上海。资料存于采集工程数据库。
② 中国科学院科研成果展览交流会：中国科学院科研成果展览交流：综合馆部分。1982 年，第 186 页，内部资料。
③ 李宗志：使用 F53 的经济效果。《天津电镀》，1981 年第 1 期，第 19 页。
④ 全国轻工业环境保护学会：《环境保护技术革新丛书：第 1 集》。全国轻工业环境保护学会，1983 年，第 173-174 页。

图 5-2　1981 年，陈庆云（右 2）在上海光明电镀厂进行铬雾抑制剂 F-53 的测试

力大大降低，不但可以有效阻止酸雾逸出，而且对电镀铬件硬度有所提高，铬层裂纹也有明显好转。1979 年 1 月，美国化学会氟化学小组召开第四次冬季氟化学会议，陈庆云、黄维垣、冯允恭等组成的中国氟化学代表团参加了这次会议。这是中国化学研究者第一次以中国化学会的名义参加美国化学会举办的氟化学论文报告。陈庆云的论文《多氟烷基醚磺酸的制备》先后在 5 个单位作了报告。除了在氟化学会议上作报告，陈庆云还在杜邦、3M 公司等作了报告，报告内容就是有关 F-53 的工作。

1982 年，F-53 通过了国家鉴定。10 月，"抑铬雾剂 F-53 及其制备"获得国家发明奖三等奖以及上海市重大科研成果一等奖。"中国科学院升级奖励审批呈

图 5-3　1982 年 10 月，抑铬雾剂 F-53 及其制备获国家发明奖三等奖

第五章　研制铬雾抑制剂与氟利昂代用品

图 5-4　1979 年，陈庆云参加美国冬季氟化学会议后与 Tamborski 教授交流

报表"中记载，"截至 1988 年夏天，（F-53 铬雾抑制剂）已获 1050 万元纯利润效益，对防止电镀行业的环境污染、改善工人劳动条件有明显效果，有较大社会效益。"[①]

新型制冷剂

氟利昂是多种氟氯代甲烷和氟氯代乙烷的总称。在含氟的卤代烃中，二氟二氯甲烷是一种良好的制冷剂，无毒、无臭、不燃烧、无腐蚀性，容易被压缩成液体，解除压力后又可立即气化并吸收大量热能，被用于冰箱的制冷剂，又名氟利昂-12，商业代号是 F-12。1930 年，美国建厂生产氟利昂类制冷剂，成为有机氟化学工业中的一个大类。1974 年，两位美国科

[①] 中国科学院升级奖励审批呈报表，存于中国科学院上海有机化学研究所档案室。

学家提出氟利昂损害大气上空臭氧层的假设，该假设在1976年得到证实。此后，F-12被逐步淘汰。

70年代末，陈庆云在研究F-53时，注意到国际上已经研制出一种新型制冷剂F-502（或称R-502）。F-502是氟利昂家族中新增的一种制冷剂，是由F-22和F-115按一定比例配制而成的恒沸混合物，具有每个成分特性的混合性质。F-502与所有的氟利昂制冷剂一样，不易燃、没有腐蚀性、几乎没有毒性，具有制冷量大、制冷系数高和使制冷机使用寿命增长等优点。在很多性质方面，兼顾F-12和F-22的优点，已在国外普遍应用，但当时在我国还是一个空白。

陈庆云就组织他所在的605研究小组，利用F-53制备过程中的副产物$ClCF_2CF_2I$为原料，经过氟化直接得到F-115，不仅路线简便，而且产率好。

除了利用F-53制备过程中的副产物为原料，陈庆云和605研究小组还研究出另外一种合成F-115的新方法——用路易士酸$AlCl_3$将F-113（$CF_2ClCFCl_2$）在室温重排，定量地转化为$1,1,1-CF_3CCl_3$，然后用Swarts试剂在170℃左右将其氟化为F-115。这种方法原料来源方便，工艺简单，获得的产物纯度高。而上述这两种制备F-115的方法，当时国外文献都未有报道。不仅如此，陈庆云等还将得到的F-115与F-22配制成制冷性能良好的F-502。[①]他主持的"新型制冷剂F-502的成份之一F-115的合成"在1980年获得上海市重大科研成果奖三等奖。

图5-5　1980年2月，F-115的合成获上海市重大科研成果奖三等奖

---

① 上海市化学化工学会：《上海市化学化工学会1978年年会论文摘要选编》。上海：上海科学技术文献出版社，1980年，第53页。

专攻液相法：无需催化剂也能得到制冷剂

20世纪70年代，自美国利用卫星探测到南极上空出现臭氧层空洞后，越来越多的证据表明氟氯烷化合物，尤其是已广泛使用的高卤代链烷类化合物是大气臭氧层日益耗竭的重要原因。考虑到氟利昂的危害，1987年9月，24个国家在联合国环境规划署的主持下签署了《关于消耗抽样物质的蒙特利尔议定书》。议定书对氟利昂的使用做了严格限制，签约国承诺将高卤代链烷烃类化合物的产量冻结在1986年的实际生产水平并逐年缩减，于协议生效两年内减少20%。此外，签约国除了继续研究高卤代链烷烃类化合物对大气臭氧层的破坏外，还应积极寻找替代品。

当时以生产氟利昂著称的杜邦公司已经开始研究氟利昂的替代品，提出某些低卤含量的氯氟烷可能是F-11、F-12的最佳替代物。其中替代F-12的最佳物可能是F-134a，两者性能相仿，作冰箱制冷剂时，只做细

图 5-6 1990年，陈庆云在日本旭硝子公司作报告

微的变动即可。不过，F-134a 的制造工艺比 F-12 复杂，因而生产成本和价格更高，杜邦计划在五六年内将这种产品推向市场。

在这种国际大背景下，陈庆云承担了国家重点项目"氟利昂代用品的研制"。接到任务后，项目组确定将 F-134a 作为研制目标。陈庆云通过查询专利文献，发现在 F-134a 制备方法上，当时主要有气相法和液相法两条合成路线。美国和日本的专利中报道了几种不同的制备方法，其中由 F-133a 发生卤素置换来获得 F-134a 被认为是最有实用性的方法之一。前述的美国杜邦公司主要也是探索用液相法从 F-133a 制备 F-134a，使用的催化剂是全氟烷基磺酸锂盐。综合国际上的专利报道和已有的生产情况，以及此前制备 F-53 积累的经验，再考虑到液相法相对气相法比较容易操作和控制，并且气相法中用到的催化剂不容易获得，陈庆云最终选择专攻液相法。

为此，上海有机所也对研究室人员进行了调整，抽调一部分人专门研究制冷剂。最后，他们尝试从 F-133a 出发，与氟化钾水溶液在 F-53 及衍生物作为催化剂作用下，在 270℃下反应制取 F-134a，并获得成功。1990—1991 年，陈庆云承担的氟利昂代用品研制任务成功合成了 F-134a，并与上海第二轻工业局协作，利用现有冰箱作例行试验获得成功。这一项目的完成最终使中国避免了因国际上禁用氟利昂而造成的巨额损失，而氟利昂代用品的研制成功也为中国的制冷剂升级换代提供了基础。[①]

但陈庆云并没有止步于完成项目研制任务，他在研究过程中一直在思考，为什么在水溶液中，亲核性不高的氟离子竟然能取代 F-134a 中的氯？如何把氯取代下来？带着这个问题，1991 年陈庆云在访问杜邦公司时，询问了利用液相法制备 F-134a 的专利发明者贡普雷希特（W. H. Gumprecht），希望能得知反应机理，但贡普雷希特也回答不上来。

陈庆云意识到这是一个值得研究的基础问题，并且建议小组研究人员进行细致的探讨。后来，在上海有机所实验厂中使用液相法时，陈庆云等意外地发现催化剂是不必要的。

---

① 张鳌：《上海科学技术志：1991-1999》。上海：上海社会科学院出版社，2003 年。

在当时，杜邦公司也有一个关于液相法的专利，水和氟化钾在温度高的时候加催化剂（一个磺酸的催化剂）。后来所里的林永达用我们生产的F-53模拟专利中的方法，到大概200℃，反应也成功了。等于说，我们使用催化剂和杜邦公司专利中使用催化剂的结果都生成了F-134a。①

有了这次实验结果之后，陈庆云和小组成员开始尝试不加任何催化剂，结果发现反应照样进行。也就是说，要获得F-134a，加氟化钾和水就会发生反应。那么，为什么不加任何催化剂也会发生反应呢？陈庆云和研究小组人员进行反复探索，发现主要是水的温度产生了影响，催化剂钾盐在其中并没有发生作用。不仅如此，陈庆云和吴恺发现温度高的时候形成了超临界水。

这样一来，只需要将水加热到一定温度就可以制备F-134a，不仅原料简单，生产工艺也得到了简化，降低了成本。此后，陈庆云将这个方法推广到上海有机所实验厂和其他生产工厂。

值得一提的是，陈庆云研究小组的林永达和杨映松在实验室工作结束后，继续参加了实验厂的扩大生产和中试研究。他们在实验室规模液相法连续生产工艺基础上，实现了30吨级规模的液相法连续化生产工艺，中试规模的产品质量通过了技术鉴定，并申请了两项发明专利，打破了关于液相法生产F-134a不能连续化的断言。②

产品生产出来的下一步是如何应用于制冷工业。由于F-134a分子具有较大的极性，当使用它替代F-12用于空调压缩机时，与传统的矿物油不相混融，为此，陈庆云和林永达研制了与F-134a配套的新型冷冻机油。1992年12月，在单机试验基础上，他们与嘉兴冰箱厂协作灌装了50台益友牌冰箱，投放市场后，冰箱运转正常。不仅如此，他们还将F-134a与配套开发的冷冻机油用于汽车空调；与广州化学所合作合成了四种类型30

---

① 陈庆云访谈，2018年2月9日，上海。资料存于采集工程数据库。
② 陈庆云，林永达：HCFC-134a及其配套润滑油的研制，《上海化工》，1996年第21卷第1期，第11-14页。

多个聚醚和酯类润滑油用于冰箱和汽车等机器。[①] 这些工作,都为氟利昂代用品的生产和作为制冷剂在工业领域的具体应用作出了重要贡献。

陈先生就抓住这一点不放,每一步都要去考虑能不能生产的问题。在液相法和气相法的选择上,液相法也有好处,比如临时解决小样没有问题,但是要大规模生产,困难比较多;相比之下,气相法当时还有不少问题,大量生产也面临一定的困难。所以后来陈庆云就坚持两条路并走,哪条路也不放弃。[②]

[①] 杨映松:与制冷新工质 HFC–134a 相匹配润滑油的性能和应用研究。《制冷》,1994 年第 3 期,第 1–6 页。

[②] 骆昌平访谈,2019 年 9 月 24 日,上海。资料存于采集工程数据库。

第六章
二氟卡宾、三氟甲基化与单电子转移反应

F-53 奠定基础研究的基石

为了解决镀铬工业中的铬酸污染问题，陈庆云小组从 1975 年开始开展由四氟乙烯合成全氟磺酸的研究，最终研制出我国独创的新型铬雾抑制剂 F-53。制备它的最初原料是三氧化硫、四氟乙烯、氟化钾和氯化碘，均为最基本的化工原料。F-53 的成功研制，不仅解决了中国数千家电镀厂的铬雾污染问题，更为重要的是，F-53 是一条具有独特结构的、特属于上海有机所的含氟醚基链，是含氟的碳—氧—碳—硫键的链条。在它的研制和生产过程中，产生了两种独特且重要的含氟中间体，一种是末端含氯的全氟碘代烷，另一种是末端含磺酰氟的氟烷基醚基碘代烷。

20 世纪 80 年代以后，上海有机所从这条具有独特结构的含氟链出发，利用 F-53 生产过程中的原料、中间体、产物和副产物进行了一系列基础研究，取得了众多研究成果，大力推动了我国氟化学的发展。截至 2000 年，上海有机所发现了三个新的自由基引发体系：黄维垣小组的脱卤亚磺化体系、胡昌明小组的氧化还原体系以及陈庆云小组的金属引发体系。它

们的发现都和 F-53 有关。

70 年代后期开始，上海有机所的科学研究工作开始恢复。陈庆云一方面整理 60 年代的氟材料研究成果，一方面开始进行以铬雾抑制剂为基础的氟化学基础研究。在氟材料的研究拓展方面，陈庆云和他所在的全氟磺酸研究组一起探索了偏氟乙烯与多卤代烷烃的调聚反应及其产物的性质。考虑到全氟和多氟烯烃与卤代烷的调聚反应受到越来越多的重视，而偏氟乙烯研究受到的关注比较少，特别是偏氟乙烯与四氯化碳等的调聚反应还没有被研究，陈庆云等利用过氧化物在加热条件下引发反应，实现了偏氟乙烯与四氯化碳等多卤代烷的调聚反应，并用分馏方法得到了低分子量的调聚物。[①] 此外，他们还探索了偏氟乙烯与四氯化碳调聚物的分布与反应物的比例关系，发现调聚反应中自由基对不对称烯烃的进攻方向的重要性，提出并证实了极性因素对加成定位起到的作用。

陈庆云小组还研究了 1-氯-2-碘四氟乙烷（F-53 生产过程中的副产物）与四氟乙烯的热调聚反应，并对调聚物进行了一系列的化学转换，调节四氟乙烯与调聚剂的比例，控制了一定的转化率，得到了适当链长的调聚物，这些调聚物容易分馏分离，可以作为制备有用的含氟有机化合物的原料。值得一提的是，当时国外广泛研究和应用的全氟烷基碘代烷，在国内还不能制备生产，很难获得。这一研究所得到的产物是独特的末端含氯的全氟烷基碘代烷，为我国氟化学研究提供了宝贵原料。同时由于含有氯，也为后面陈庆云小组研究全氟烷基氯代烷的碳—氯键活化研究提供了方便。

在研究建制方面，上海有机所在 80 年代开始恢复招收研究生，专业的仪器设备，如核磁共振仪、红外光谱仪、激光拉曼光谱仪、色谱-质谱联用仪、原子吸收光谱仪、顺磁共振仪、圆二色散谱仪、光电子能谱仪等，也都逐渐配备，为陈庆云和上海有机所研究工作的快速恢复和推进提供了条件。上海有机所在 20 世纪 80 年代初还建立了博士后流动站，"准予建站学科为化学、建站专业为有机化学，1985—1986 年招博士后研究人

---

① 陈庆云，马振中，蒋锡夔，等：偏氟乙烯与全卤代烷烃的调聚反应及其产物的研究。《化学学报》，1980 年第 38 期，第 175 页。

员4名。该专业领域的博士生指导教师有汪猷、黄维垣、黄耀曾、蒋锡夔、袁承业、刘铸晋、周维善、徐维铧、陈庆云、陆熙炎、丁宏勋,当时已招收博士研究生44名,其中已获博士学位者6名。"[1] 上海有机所当时开展的科研项目,除了含氟高分子、含氟农药和表面活性剂,还有天然生理活性物质的结构测定和化学合成、酶的化学修筛和模拟、多肽和蛋白质的结构测定和合成、稀土及贵金属的萃取化学、微量有机物的分析、金属有机化合物的制备和在合成中的应用、其他元素有机研究、有机反应活性中间体及微环境对反应性的影响、酶工程和单细胞蛋白、香料化学等。在胡金波看来,F-53产生的更重要的影响是对基础研究领域带来的巨大推动。

90年代,上海有机所至少有几十位研究生。那个时期,含氟原料是很难买到的,由于我们有生产F-53的实验厂,可以利用这个原料。从另外一个角度,以它为对象的研究极大地奠定了我国后来一二十年基础研究的格局,包括单电子转移反应研究。三氟甲基化也好,二氟卡宾也好,都来自生产F-53相关的中间体。所以,除了F-53产品本身,这个产品在开发或者生产过程中所带来的中间体,为我们整个上海有机所甚至全中国氟化学的发展都带来了非常大的推进作用。我觉得这个贡献是非常大的、是奠基式的,这个原料决定了我们的研究方向。[2]

全氟烷基磺酸酯的特殊反应

陈庆云小组将合成F-53关键中间体$ICF_2CF_2OCF_2CF_2SO_2F$的方法,由四氟乙烯扩展至三氟氯乙烯、六氟丙烯、偏二氟乙烯、1,2-二氟-1,2-二氯乙烯以及4-氯-1-全氟正丁烯;将氯化碘扩展至氯气、溴气、碘,

---

[1] 国家科委科技干部局:博士后科研流动站资料汇编。1986年,第140页,内部资料。
[2] 胡金波访谈,2018年5月15日,上海。资料存于采集工程数据库。

合成一系列不同末端含卤的含氟醚基磺酰氟。考虑到长链全氟和多氟烷基醚磺酸及其衍生物是优良的表面活性剂，在利用短链含氟烯烃与四氟乙烷-β-磺内酯、氟化钾和卤素在二乙二醇二甲醚中反应合成 5-卤-3-氧杂多氟或全氟磺酰氟的基础上，陈庆云等又从 C_3-C_6 的含氟末端烯烃一步合成各种较长链的多氟烷基醚磺酰氟。这样，他们发展出从含氟烯烃制备多氟烷基醚磺酰氟的完整的合成路线，既可以用短链又可以用长链氟烯烃直接合成增多两个碳原子的含氟烷基醚磺酰氟。

从这些合成得到的各种全氟或多氟磺酰氟出发，可以转化得到各种相应的全氟或多氟磺酸衍生物。[①] 在这些工作的基础上，陈庆云等开始从反应机理出发，对全氟和多氟烷基磺酸衍生物与多种亲核试剂的反应进行了系列研究。他们发现全氟和多氟烷基磺酸酯的亲核反应有很多特殊性。该反应进行时，试剂既可以进攻硫原子得到硫—氧键断裂的产物，也可以进攻碳原子而得到碳—氧键断裂的产物。磺酸酯的结构、反应条件及亲核试剂等均在不同程度上影响了这两种断裂方式。[②]

20 世纪 80 年代初，国际上对全氟烷基磺酸酯亲核反应进行研究的文献报道非常少。当时有研究者指出："目前全氟型的磺酸酯已经制备成功，但是还未被广泛研究。"为此，陈庆云和朱仕正合成了不同的全氟或多氟烷基磺酸酯及其衍生物，研究了它们的各种亲核反应。[③] 他

图 6-1　1986 年 12 月，"全氟和多氟烷基磺酸"项目获中国科学院科学技术进步奖三等奖

---

① 苏德宝，陈庆云，朱蓉仙，等：全氟和多氟烷基磺酸的研究Ⅸ.5-卤-3氧杂-全氟戊磺酰氟的化学转化。《化学学报》，1983 年第 41 期，第 946 页。

② 陈庆云，朱蓉仙，李宗珍，等：全氟和多氟烷基磺酸的研究Ⅳ.3-氧杂多氟烷烃磺酸酯的合成及其硫—氧和碳—氧键的断裂。《化学学报》，1982 年第 40 期，第 337 页。

③ 朱仕正：全氟和多氟烷基磺酸：全氟烷基磺酸酯的合成和反应及其作为二氟卡宾前体的研究。中国科学院上海有机化学研究所博士论文，1984 年 11 月。

们发现这些磺酸酯中存在着两个或两个以上的亲电中心,它们和亲核试剂反应时发生的断裂主要取决于试剂对哪一个亲电中心的进攻。在全氟烷基磺酸全氟烷基酯中的两个亲电中心分别是硫和烷氧基碳,当它与各种亲核试剂反应时,各种亲核试剂无例外地进攻全氟烷基磺酸全氟烷基酯中的硫而引起 S—O 键的断裂,这是由于醇烃基中两个 α-氟原子和一个全氟碳键的屏蔽效应使 sp^3 碳不可能发生 S_N2 反应,而进攻硫便是唯一的选择;在全氟烷基磺酸烷基酯与亲核试剂的反应中,亲核试剂几乎完全以 S_N2 方式进攻烷氧基碳,这是因为作为离去基团 $R_FSO_3^-$(C—O 键断裂)无疑比 RCH_2O^-(S—O 键断裂)要好得多。陈庆云和朱仕正还进一步发现亲核试剂和二氟甲基磺酸衍生物在不同条件下可以发生不同断裂方式,在某些特定条件下,它们还可以作为新型前体产生二氟卡宾参与反应。[1]

由于陈庆云在全氟磺酸领域的重要工作,他和黄维垣应 S. Patai 和 Z. Rapport 两位教授的邀请,一起为"功能基团的化学"(*The Chemistry of Functional Groups*)系列丛书撰写章节 Perfluoroalkanesulfonic Acids and Their Derivatives,该书于 1991 年出版。

> 这套丛书后来成为化学领域的经典书籍,这两位主编很有名气,邀请黄先生和我写了一章,我俩比较熟悉这个领域。[2]

发现多种二氟卡宾新前体

为了将含氟基团引入有机分子,人们对氟碳阴离子、氟碳自由基和二氟卡宾等活泼的反应中间体进行了广泛研究。二氟卡宾具有很高的反应

---

[1] 朱仕正:全氟型磺酸酯亲核反应的研究。中国科学院上海有机化学研究所硕士论文,1982 年 10 月。

[2] 陈庆云访谈,2018 年 5 月 15 日,上海。资料存于采集工程数据库。

活性，可以和各种不饱和键进行加成，还可以与负离子结合，并且可以插入 O—H 键、S—H 键、N—H 键得到相应的含碳氟片段的化合物。因此，寻找合适的二氟卡宾前体，研究二氟卡宾的结构及其反应一直是有机氟化学的一个重要部分。20 世纪 80 年代初开始，陈庆云和他的研究团队以四氟乙烷 - β - 磺内酯为原料，开展了系统的二氟卡宾和三氟甲基化的研究。

20 世纪 60 年代开始，二氟氯乙酸钠开始被作为二氟卡宾的前体，但是这种物质很容易吸潮，因而反应需要在无水条件下进行，并需要过量的二氟氯乙酸钠，而且反应活性较低。其他获得二氟卡宾的方法，要么需要较为强烈的反应条件，要么需要较高的反应温度。即使是可以在温和条件下产生高度活泼的二氟卡宾的反应，所需原料的合成本身就需要经过多步困难的反应。

20 世纪 80 年代初，用化学方法生产二氟卡宾的报道也不多。在研究全氟和多氟烷基磺酸衍生物化学时，陈庆云等发现二氟甲基磺酸酯及其类

图 6-2　20 世纪 90 年代，陈庆云与小组成员讨论

似物在各种不同条件下可以作为新型前体，温和方便地产生二氟卡宾。陈庆云和朱仕正前后共开发了14种新型的二氟卡宾前体。这些新的二氟卡宾前体，既有在酸性条件下产生二氟卡宾的，也有在碱性条件下产生的，还有在中性条件下产生的。它们大多能够在比较温和的条件下产生活性二氟卡宾，进一步参与后续反应，提供了丰富的可选择的二氟卡宾试剂体系，同时也为后续新型高效三氟甲基化试剂和体系的开发奠定了基础。

值得一提的是，用四氟乙烷-β-磺内酯或者溴二氟乙酸钾作为二氟卡宾源和碘单质反应可以方便大量地制备二氟二碘甲烷，这是最短碳链的双官能团的全氟烷基化合物，具有很多独特的反应性。而当时已知和研究较多的类似双官能团的全氟烷基化合物均是偶数碳，关于奇数碳的双官能团的全氟烷基化合物的研究还属空白。陈庆云小组通过对这些全氟碘代烷的反应研究，开创了一块特色的研究领域。

二氟卡宾具有很多独特性，上述方法的发现和研究推动了国际上有机氟化学的发展，产生了重要的国际影响。

陈先生开发了很多二氟卡宾试剂，比如代表性的氟磺酰基二氟乙酸硅酯，这是非常著名的二氟卡宾试剂。他发展的很多产生二氟卡宾的方法，到今天还有很多人在使用。我最近看到一些报道，有人使用氟磺酰基二氟乙酸作为二氟卡宾试剂进行二氟甲基化，这就是陈先生发现的方法。[①]

卡宾很难生成，也很活泼，不稳定。陈先生能实现二氟甲基化、发现二氟卡宾等现象，并把它用于有用的合成上，这个理论意义很大，改变了人们对理论固有的看法，属于重要的开创性工作。他的工作比较难得，因为当时我们国内基础理论研究的水平要弱一些，陈先生能作出这些在国际上具有引领性的工作，是比较难的。[②]

---

① 胡金波访谈，2018年5月15日，上海。资料存于采集工程数据库。
② 赵晓明访谈，2018年10月21日，上海。存地同上。

三氟甲基化与"陈试剂"

从 20 世纪 80 年代末开始,陈庆云小组基于二氟卡宾研究,合成和发展了 8 种能高效实现三氟甲基化的试剂和体系。这些三氟甲基化试剂多样而有效,且大多便宜易得,是方便实用的三氟甲基化试剂。其中应用最广的是氟磺酰基二氟乙酸甲酯,也被称为"陈试剂"。

"陈试剂"是如何发现的?如前所述,80 年代,陈庆云和吴生文在研究氟磺酰基二氟乙酸甲酯为二氟卡宾源的反应中发现副产物氟仿(CF_3H)的生成,他们敏锐地觉察到,氟仿的生成意味着二氟卡宾与氟离子结合生成 CF_3 负离子是一个平衡反应。能否利用 CF_3 负离子与亲电试剂反应,将 CF_3 负离子基团引入各种有机分子中呢?[①]

图 6-3 20 世纪 90 年代,陈庆云(左 1)与小组成员讨论三氟甲基化反应

[①] 吴生文:二氟卡宾化学:新二氟卡宾前体及其反应的研究。中国科学院上海有机化学研究所博士论文,1989 年。

第六章 二氟卡宾、三氟甲基化与单电子转移反应经过反应条件调控，他们发现在催化量的碘化亚铜作用下，"陈试剂"可以实现各类卤代物的三氟甲基化反应，在温和条件下高产率地得到一系列含有三氟甲基的化合物，此反应也是第一例铜催化有机卤代物的三氟甲基化反应。进一步研究发现，反应中释放出二氧化硫、二氧化碳和MeI，也印证了反应是经过二氟卡宾中间体和氟负离子结合生成三氟甲基负离子的过程。

在陈庆云和吴生文发现氟磺酰基二氟乙酸甲酯可以实现各类卤代物的三氟甲基化反应之后，依然在机理方面留下了一些疑问。比如，氟磺酰基二氟乙酸甲酯和α-溴代乙酸酯及α-溴代酮反应时没有得到对应的三氟甲基化的产物。陈庆云小组开始探讨该反应的机理。

>陈先生和吴生文博士做了开拓性的工作，我是接着吴博士的工作往下做，先是把反应的产率提高，然后研究反应机理。当时吴博士实现了"陈试剂"的反应，我们在重复实验时遇到了很多挫折，发现反应产率怎么也重复不出来，含量时高时低。后来我们发现，这与使用的溶剂有关系，尤其与溶剂的干燥程度密切相关；而且发现不用碘化亚铜而用铜粉，通过自由基机理也可以实现三氟甲基化。[①]

也就是说，在不同条件下，"陈试剂"实现三氟甲基化可能经历不同反应途径。陈庆云、吴生文和杨国英发现在催化量碘化亚铜或者催化量铜粉的存在下，"陈试剂"的三氟甲基化均可顺利发生。两个反应都经历了三氟甲基铜中间体的过程，但二者机理上是有所区别的。

"陈试剂"作为优良实用的亲核三氟甲基化试剂具有很多优势。首先，该反应中只需催化量碘化亚铜或者铜粉的引发，"陈试剂"即可发生分解生成高活性$CuCF_3$中间体，与芳基、烯丙基、苄基、乙烯基等卤代物反应方便高效得到相应的三氟甲基化产物。其次，它是一种十分稳定的液体，储存和使用方便，又廉价易得——由便宜易得的工业产品四氟乙烷-β-磺

---

① 杨国英访谈，2018年10月23日，上海。资料存于采集工程数据库。

内酯和甲醇一步反应制得,具有工业化应用的基础和前景。

陈庆云和吴生文利用氟磺酰基二氟乙酸甲酯对卤代烷进行三氟甲基化的论文在1989年发表后,立即引起国际同行的关注,美国Aldrich公司、日本TCI公司等很快把它收入试剂目录中。

除氟磺酰基二氟乙酸甲酯外,陈庆云小组还发展了一系列三氟甲基化试剂。它们都源于各种二氟卡宾前体,通过现场产生的二氟卡宾和氟负离子结合得到三氟甲基负离子,与体系中的铜离子结合得到活性$CuCF_3$中间体,再对底物进行三氟甲基化。1992年,国外学者M. A. McClinton和D. A. McClinton撰写的关于三氟甲基化的综述中,列有12个通过$CuCF_3$实现三氟甲基化的方法,陈庆云小组发现的试剂就占了3个。

氟烷基卤代烷的单电子转移反应

陈庆云在20世纪八九十年代的另一项重要工作,是比较系统地研究了氟烷基卤代烷的单电子转移反应,发现在金属(如铜、钯、铂、镍、铁、镁、锌、铱、铑等)、亲核试剂、氧化剂或紫外光作用下,可以将各种氟烷基方便高效地引入有机分子。特别是长期以来被认为惰性的全氟氯代烷也可以通过改变脱卤亚磺化反应的溶剂或通过现场生成的零价镍使其活化参与反应。这些结果不仅为有机氟化物的合成提供了多种有效途径,更重要的是将当代有机化学最重要的理论之一——单电子转移反应引入并发展了有机氟化学。

将全氟和多氟烷基引入有机分子是有机氟化学中的最重要课题之一。20世纪80年代初,应用最广并且最重要的方法是通过自由基或阴离子过程来实现氟烷基化。另外,考虑到金属有机化学在70年代末发展迅速,而过渡金属催化方法在氟化学中的应用较少,对它的反应机理尚未研究。因此,陈庆云和陈亚雄、杨震宇、裴再明、何亚波等开始研究过渡金属催化在氟化学中的应用,并对过渡金属催化合成有机氟化合物和反应机理进行

图 6-4　1994 年，陈庆云（右 2）和小组成员讨论单电子转移反应

了一系列研究，指出只要低价（零价）金属或络合物在能量和轨道上与全氟烷基碘代烷匹配以及使用适当的溶剂，即能与氟烷基碘发生电子转移，进而催化全氟烷基碘代烷与碳碳重键化合物加成。在系统开展金属引发全氟烷基碘代烷的单电子转移全氟烷基化反应的同时，陈庆云还和苏德宝、裘再明、陈明芳等开展了亲核试剂引发全氟烷基碘代烷的单电子转移全氟烷基化反应研究；和陈建国、陈明芳等开展了氧化剂引发全氟烷基碘代烷的单电子转移氟烷基化反应研究；和黎占亭等开展了光照引发全氟烷基碘代烷的单电子转移氟烷基化反应研究。此外，陈庆云还和何亚波、杨震宇等开展了钯催化氟烷基磺酸苯酯的一系列交叉偶联反应研究。

陈庆云的另外一个重要贡献是首次发现长期公认为惰性的全氟烷基氯代烷的改进脱卤亚磺化反应。

20 世纪 80 年代初，黄维垣小组发现了脱卤亚磺化反应，即氟烷基碘代烷或溴代烷在廉价的保险粉引发下生成氟烷基自由基参与反应或者得到相应的氟烷基亚磺酸盐。该反应发现后，到 90 年代末，已经成功地用于烯烃、炔烃、芳香烃、杂环化合物等的直接氟烷基化。特别是可以利用这种方法廉价方便地制备极有价值的全氟烷基亚磺酸盐及其衍生物，如酰氯、磺酰氯、磺酸等。

但是对于全氟烷基与卤原子之间相隔一个亚甲基的三氟乙基卤代烷，其化学性质肯定与全氟烷基卤代烷和非氟的一般卤代烷有较大的差别。陈庆云和龙正宇开始思考，三氟乙基卤代烷是否和全氟烷基卤代烷一样，也可以发生类似的脱卤亚磺化反应，从而将 CF_3CH_2—基团引入有机分子之中？于是，他们对三氟乙基卤代烷的脱卤亚磺化反应进行了详细研究，发现溶剂对反应产物有很大影响——使用二甲基亚砜（DMSO）为溶剂和烯烃反应时，没有观察到通常的碘代产物；而使用乙腈和水为溶剂和烯烃反应时，可以得到碘代和攫氢两种产物的混合物。同时，提高反应温度对反应的成功发生也起到重要作用。在成功实现三氟乙基碘代烷和溴代烷的脱卤亚磺化反应后，他们开始挑战全氟烷基氯代烷的脱卤亚磺化反应。最终以 DMSO 为溶剂，在 70~80℃ 下首次实现了全氟烷基氯代烷的脱卤亚磺化反应，并通过进一步改进反应条件扩展了这一反应的应用范围，使脱卤亚磺化反应体系不只停留在全氟烷基碘代烷和溴代烷的阶段，而是扩展到了更为惰性的全氟烷基氯代烷以及少氟取代的氯代烷，甚至是一些不含氟的氯代烷烃，从而使脱卤亚磺化反应体系得到进一步丰富。至此，脱卤亚磺化反应发展成为一种温和、简便、产率高、适用范围广的产生全氟或多氟烷基自由基或者它们

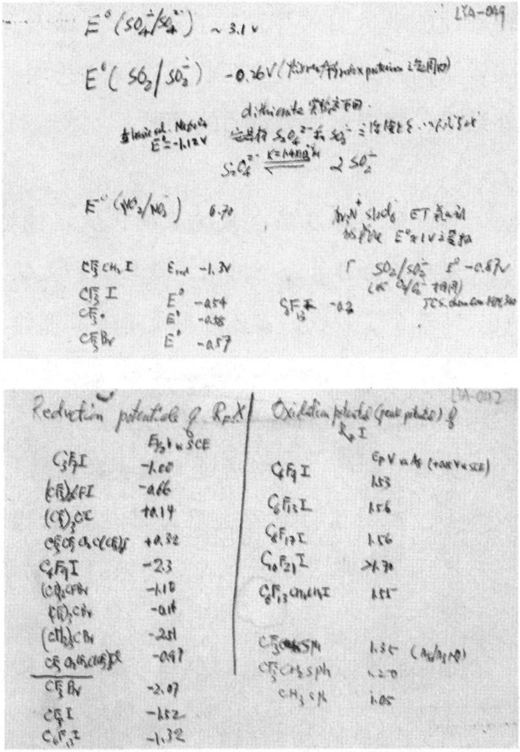

图 6-5　陈庆云改进脱卤亚磺化反应研究文献学习笔记

相应亚磺酸盐的方法而广为应用。

陈先生让我印象非常深刻的一项工作是对氟烷基卤代烷单电子转移反应的研究。这个工作非常重要，特别是他首次发现通过改变脱卤亚磺化反应的溶剂可以用于长期公认为不活泼的全氟烷基氯代烷的自由基反应。陈先生系统研究了全氟烷基卤代烷在金属、无机还原剂、氧化剂、自由基引发剂、光照或亲核试剂作用下，通过单电子转移过程向目标分子中引入全氟烷基的方法。从机理研究而言，这是全氟烷基化反应的一个重大发现，该发现极大地丰富和发展了有机氟化学的基本理论。①

陈庆云小组的这些发现，不但为合成含氟有机化合物提供了简单而有效的方法，更重要的是，他将有机化学中最重要的反应理论之一的单电子转移反应理论引入并发展了氟化学。谈及这些单电子转移反应的发现，陈庆云认为一定要对研究工作进行深入思考，特别是对实验中遇到的一些意外结果，要善于思考背后的问题。

陈亚雄在做全氟烷基碘代烷在铜粉存在下和碘苯的反应时，突然发现换为另外一个溶剂，结果就和文献报道的完全不一样了，也就是说结果变了。我们首先考虑是不是溶剂的影响。我让他做了好多次重复实验，确证完全是溶剂的改变引起反应的变化。这个发现对我们来讲是一件高兴的事情，因为结果完全是新的。接着我们就思考这个变化是什么原因引起的，不断通过实验去验证自己的想法，对了，就继续深入下去；不对了，就再去思考其他的原因和方法。这样一步一步，我们发现了单电子转换反应，开辟了新的领域。②

如果我们将陈庆云对单电子转移反应的研究置于整个国际有机氟化

---

① 张成潘访谈，2018年10月21日，上海。资料存于采集工程数据库。
② 陈庆云访谈，2018年2月9日，上海。存地同上。

学领域的进展中，则能更加清晰地发现该研究的重要性。20世纪60年代，国际学者的出色工作使单电子转移反应正式提出，而有机化学中单电子转移反应无处不在，光化学、有机电化学、金属有机、电子转移催化反应、生物电子转移化学等领域比比皆是。而在应用方面，太阳能的聚集和储存、电有机合成、有机半导体材料、感光技术、生命的衰老等都与电子转移反应密切相关。为此，各国化学家都竞相将电子转移理论引入自己的研究领域。[①]70年代，电子转移反应被引入有机氟化学，此时正值中国有机氟化学在基础研究领域的上升时期，黄维垣、陈庆云和胡昌明小组在80年代初期对全氟卤代烷的三个不同引发体系（即脱卤亚磺化体系、各种金属引发体系和氧化还原体系）的研究，大大丰富了单电子转移反应在氟化学中的应用，为后来中国氟化学在国际上占有一席之地奠定了重要基础。

陈先生在国际氟化学领域是非常著名的，国际上很多氟化学家都知道陈先生。他在国际上的影响，包括二氟卡宾、三氟甲基化、自由基氟烷基化等都是非常出名的，这些都是原创工作，具有很强的引领

图6-6 2012年，丁奎岭为陈庆云颁发首届中国化学会黄维垣氟化学奖

---

① 黄维垣：《中国有机氟化学十年进展》。北京：高等教育出版社，1999年，第1页。

性。……陈先生非常愿意参加国内氟化学会议或者活动，比如说今年10月中下旬承办中国化学会第十五届全国氟化学会议，陈先生说他要参加，还说"你要我做什么，你尽管和我说"，他对中国氟化学的各种发展真的是鼎力支持。①

---

① 胡金波访谈，2018年5月15日，上海。资料存于采集工程数据库

第七章
交叉与应用：含氟卟啉与"陈试剂"新发展

从二氟卡宾前体到二氟卡宾的反应研究

2000年，在三氟甲基化试剂氟磺酰基二氟乙酸甲酯的基础上，陈庆云小组和美国威廉·多比尔（William Dolbier）教授合作发展了一种新型的二氟卡宾试剂——氟磺酰基二氟乙酸三甲基硅酯（TFDA）。这种卡宾试剂可以用便宜易得的四氟乙烷-β-磺内酯为起始原料，通过水解生成氟磺酰基二氟乙酸，再和甲基三氯硅烷酯化制备。该二氟卡宾试剂在催化剂氟化钠存在下，高于90℃时便可以分解产生二氟卡宾，是一种反应温度适中、反应干净的优良二氟卡宾试剂。而且此种方法产生的二氟卡宾有相当的活性，即使对贫电子烯烃也可以高效率地实现环丙烷化。鉴于其高活性，陈庆云小组将其应用于二氟卡宾反应化学研究。这些研究包括使用这种新发展的二氟卡宾试剂合成一系列的高张力的含氟小环化合物并对它们进行研究，以及进行少氟的具有生物活性的化合物合成探索。

图 7-1　2005 年，陈庆云和多比尔教授在第十七届世界氟化学会上交流

从 20 世纪 50 年代化学家们发现 9-氟可的松具有比相应非氟代化合物高很多的生理活性，并开发出以 5-氟尿嘧啶为代表的核酸拮抗剂为新型抗癌药物以来，在有机分子中选择性引入氟原子以改变目标分子的生理活性成为人们开发药物研究的焦点。据统计，目前上市的药物中，约 20% 的医药和 30%~40% 的农药含有氟原子，而且这些药物分子大部分是少氟化合物。鉴于自然界中天然含氟有机物非常稀少，绝大多数含氟有机物是由人工合成得到，因此发展含有一个、两个氟原子或三氟甲基的有机分子的合成方法在有机化学中有着重要地位。

为此，陈庆云希望能够基于"陈试剂"发展更多好的方法，拓展向有机小分子中引入少氟基团的方法。以往的二氟卡宾体系总是存在诸如卡宾前体不易得、卡宾前体分解温度太高、卡宾前体有剧毒性或分解所产生的卡宾活性不够高等因素的限制。而在陈庆云小组研究基础上发展起来的 TFDA 是一种新型温和的卡宾试剂，对其分解产生的卡宾在反应中活性和选择性的研究对发展和完善这一方法非常重要。然而，由于上面提到的二氟卡宾体系存在的种种不足以及二氟卡宾活性与产生这种卡宾的体系有很大关系等原因，对二氟卡宾反应选择性的研究非常少。陈庆云希望对由

TFDA 分解产生的二氟卡宾反应选择性进行研究，用二氟卡宾的方法向分子中引入含氟小环，以进一步拓展对二氟卡宾的认识。

基于此想法，陈庆云和徐伟、周鼎英、程战领等一起开展了很多相关研究。例如，由于自身的不稳定性和难以找到合适的二氟卡宾体系等因素的限制，偕二氟环丙烯类化合物非常难以获得，因此学界对偕二氟环丙烯反应的研究十分缓慢，对其在反应中的化学行为理解也有很多问题待解决。陈庆云和徐伟成功获得了相对稳定的 1-碘代偕二氟环丙烯类化合物，从而为这类化合物的研究提供了契机，使得对 1-碘代环丙烯的反应研究得以顺利进行。他们还对其 Heck 偶联反应、三氟甲基化反应、水解反应、亲核取代反应等反应行为进行了进一步研究。此外，考虑到发展一种简单的合成偕二氟甲基环丙烷方法的重要性，以及已有研究报道的通过二氟卡宾与联烯的环加成方法来制备偕二氟的亚甲基环丙烷并不具有实际应用价值，陈庆云和程战领利用 TFDA 研究二氟卡宾与碳碳重键的环加成反应、二氟卡宾对碳碳三键的偕二氟环丙烯化反应研究，合成了一系列新的高张力含氟小环化合物，并对联烯环加成反应进行了探索。

氟化学和卟啉结合：含氟卟啉的研究

2017 年，印度化学家阿南德教授（V. G. Anand）等在国际权威刊物《化学评论》上发表综述文章《异卟啉：卟啉的抗芳香族同系物》，专门评述了陈庆云与刘超的关于 20 π 电子 N,N′-二氢卟啉的工作，认为他们首次真正实现了诺贝尔奖得主伍德沃德的预言。

有一次肖吉昌去日本京都大学参加学术会议，顺访大须贺（A. Osuka）教授的课题组。"大须贺教授做卟啉化学研究，在国际上很有名望。他跟我说：陈先生是含氟卟啉领域的开拓者。他拿出了一本册子，里面全是陈先生发表的含氟卟啉的文章。他把这些文章装订成册。"[1] 这些都说明陈庆

---

[1] 肖吉昌访谈，2018 年 5 月 14 日，上海。资料存于采集工程数据库。

云小组在含氟卟啉方面所做工作的开创性和重要性。

卟啉具有独特的结构和物理化学性质，被广泛地应用于材料、生物、医药、催化、超分子化学等方面。自然界中的许多重要物质都具有卟啉类结构，卟啉化合物跟大家的生活息息相关，如人体血液里面的血红素是一类金属铁卟啉，是担负人类活动中载氧和传输氧的重要物质；自然界中光合作用所需要的叶绿素也含有卟啉结构；另外，细胞色素 P450 加氧酶、维生素 B_{12} 等也都是卟啉化合物。

为什么会想到研究含氟卟啉呢？陈庆云是湖南人，对家乡的教育科研非常关心。湖南大学希望能够跟他进行合作，陈庆云欣然应允。2000 年，陈庆云成为湖南大学特聘教授，他坦言："湖南大学当时在卟啉化学研究方面有很好的基础，尤其郭灿城教授做得很有成绩。他从催化角度做，以卟啉做催化剂用于工业规模生产，实现了实际应用。我就想配合他做一些卟啉相关的工作。"[1]

因此，结合氟化学和卟啉化学的优势，将氟化学用起来，是陈庆云做含氟卟啉的出发点。陈庆云希望将自己在氟化学领域的优势和湖南大学在卟啉化学领域的优势结合起来，"虽然这是比较困难的一个新领域，但是陈先生认为符合他的想法和理念，希望能够把氟化学用起来，做一些应用性、功能性的工作。所以就选定了氟烷基卟啉课题"。[2]

"要结合两个领域，谈何容易？我很佩服陈先生的洞察力。"[3] 谈到含氟卟啉领域最初的探索，陈庆云感叹当初遇到了很多困难：

> 当年开始做卟啉的时候很困难，因为它的分子结构比较大，跟我们以前熟悉和擅长的小分子合成和研究有很大不同，反应位点多，产物比较复杂，分离纯化困难，结构也比较难确认表征。我就先从简单点的做起，以后慢慢地做通了，大家都知道方法了，路就变宽了。[4]

---

[1] 陈庆云访谈，2018 年 3 月 9 日，上海。资料存于采集工程数据库。
[2] 刘超访谈，2018 年 5 月 15 日，上海。存地同上。
[3] 肖吉昌访谈，2018 年 5 月 14 日，上海。存地同上。
[4] 同[1]。

在2000年初期，对含氟卟啉的研究还较少，也不够深入，其中一个很重要的原因就是含氟卟啉的合成相对困难。通过含氟吡咯或含氟醛合成含氟卟啉的方法步骤长、总产率低、反应和分离均十分困难，这在一定程度上影响了含氟卟啉的应用。陈庆云小组初期的主要工作是运用他们自己发展的各种氟烷基化试剂和方法对卟啉进行氟烷基化，并对合成得到的氟烷基卟啉进行有趣的化学转化和初步的物理性质研究。

当时湖南大学在这方面有比较多的经验，陈先生很谦虚，说自己在这方面虽然不懂，但是可以给我介绍有经验的老师，多和这些老师沟通和学习。他还请湖南大学的老师把关于卟啉方面的资料都拿过来，他自己学习。我记得当时刚刚出来一套有关卟啉的丛书，湖南大学已经购买了这套书，陈先生就让那边帮忙把整套20本书全部复印然后寄过来。他每天认真地学，并在书上做标记和笔记。学了以后，他会跟你讨论，根据自己看的文献知识提建议；等你有结果的时候，你跟他反馈，他会把你的问题记在心里，回到办公室自己研究。陈先生经常到图书馆翻阅文献，觉得有用或者好的文献，他会复印好交给你。[①]

正是通过这种和学生共同学习和探究的方式，陈庆云小组很快发现了直接对卟啉进行氟烷基化的简便方法——利用卟啉环周边的两个不参与18π电子共轭的双键，通过陈庆云之前发展的改进脱卤亚磺化反应成功合成了各种β-氟烷基卟啉。2003年，陈庆云与金利美、曾卓、郭灿城合作的论文《卟啉的氟烷基化：β-氟烷基四芳基卟啉的合成与反应》发表，首次实现了自由碱卟啉的直接氟烷基化[②]。

2003—2007年，陈庆云小组发展了多种有效的方法将各种氟烷基基团引入卟啉中，还进一步研究了这些氟烷基卟啉的性质，并利用它们的独

---

① 刘超访谈，2018年5月15日，上海。资料存于采集工程数据库。

② Jin L M, Zeng Z, Guo C C, et al. Fluoroalkylation of porphyrins: Synthesis and reactions of β-fluoroalkyltetraarylporphyrins. J. Org. Chem., 2003 (68): 3912.

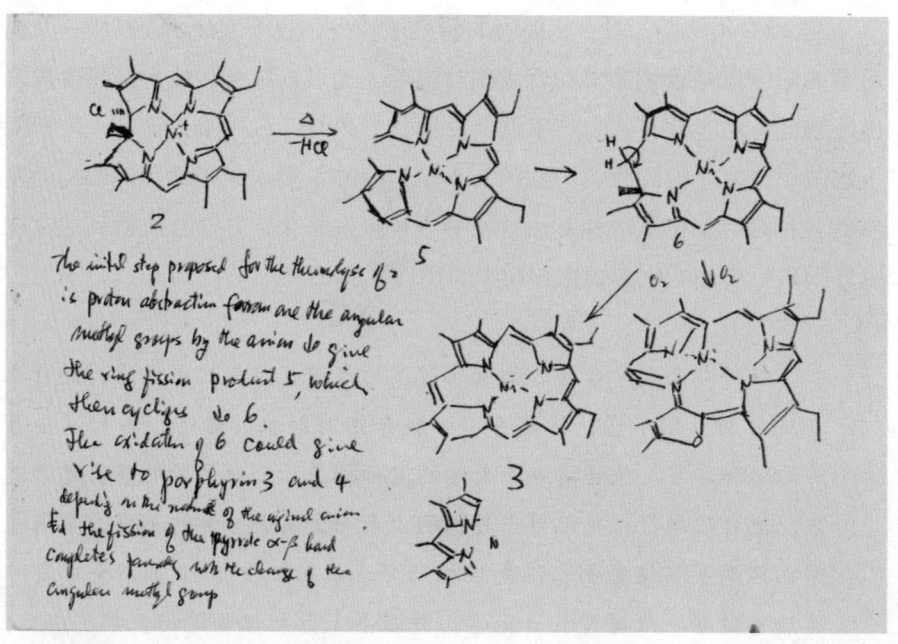

图 7-2 陈庆云卟啉相关文献学习笔记

特性质进行初步应用尝试。金利美和陈庆云利用陈庆云之前发展的改进脱卤亚磺化反应和铜粉引发条件，直接将氟烷基引入卟啉环中，得到了多种单氟烷基取代的卟啉。另外，他们还发现 5- 氟烷基卟啉具有非常强的自组装能力，还具有液晶行为。[1] 曾卓和陈庆云用简单易得的四芳基卟啉与全氟烷基碘代烷通过改进脱卤亚磺化反应，方便地将全氟烷基引入卟啉的 β- 位。[2] 刘超和陈庆云通过钯催化的金属偶联反应，将不同种类和数量的氟烷基高效引入卟啉大环上。同时，基于以之得到的多个氟烷基取代卟啉进行进一步反应和性质研究，得到了很多有趣和有意义的结果，并利用多个取代的长氟烷基链取代的金属卟啉，进行了初步的金属卟啉催化的氟碳相中的氧化反应研究。[3] 这些工作不仅在合成上更具优越性，如反应简

---

[1] 金利美：氟烷基卟啉的合成、反应及其性质的研究。中国科学院上海有机化学研究所博士论文，2006 年 5 月。

[2] 曾卓：β- 氟烷基四芳基卟啉的合成及其分子内环化反应。湖南大学博士论文，2004 年。

[3] 刘超：氟烷基卟啉的合成、反应、性质和应用研究。中国科学院上海有机化学研究所博士论文，2007 年。

单、易分离、产率高,而且在产物的结构上更具多样性,可得到通过缩合反应难以得到的卟啉产物。这些研究提供了多种高效有用的氟烷基卟啉合成的新方法,为可能的应用提供了基础。

2004年,考虑到三氟甲基是最简单的一种全氟烷基,具有非常独特的性质,陈庆云和刘超设想在卟啉大环周边引入不同位置和不同数量的三氟甲基必定会对整个卟啉环产生强烈影响,改变它的许多性质,可能具有一些独特的用途。当时关于三氟甲基卟啉的合成和研究,文献报道很少,方法要么步骤冗长、产率低下,要么反应条件苛刻、产物复杂、分离困难。因此,陈庆云和刘超试图找到一种普遍高效的三氟甲基卟啉合成方法。经过努力,他们从简单易得的溴代卟啉出发,通过钯催化交叉偶联反应,使用"陈试剂"方便高效地合成了各种β或meso位三氟甲基取代卟啉,提供了一种将三氟甲基引入卟啉类化合物的好途径。之后,赵帅和陈庆云利用这个方法将三氟甲基方便引入了亚卟啉;还利用此法合成了β-四(三氟甲基)钴卟啉,并将它用到对苄胺的催化氧化中,发现它是一种非常高效的氧化剂,能快速地将苄胺选择性氧化成相应的亚胺,是一种大量合成亚胺的好方法。[①] 陆洋和陈庆云用这个方法对钴卟啉进行三氟甲基化时,意外得到[Co-CF$_3$]金属卟啉络合物,并合成出一系列不同数量和不同位置三氟甲基取代的钴卟啉。[②]

2006年,刘超和陈庆云研究β-四(三氟甲基)-meso-四苯基卟啉的还原反应时发现,在室温氮气保护下往β-四(三氟甲基)-meso-四苯基铜(Ⅱ)卟啉的二甲基亚砜溶液中加入活化锌粉搅拌1小时后,溶液颜色由绿色变为棕色。经过分离纯化和谱图表征,他们发现反应产物是一个20π电子非芳香性的N,N'-二氢卟啉。2007年,陈庆云与刘超等合作的论文《20π电子β-四(三氟甲基)-内消旋四苯基卟啉的合成与反应》发表于国际权威刊物《美国化学会会志》。

---

① 赵帅:含氟卟啉类化合物的合成、性质及其催化反应研究。中国科学院上海有机化学研究所博士论文,2014年。

② 陆洋:含氟卟啉的合成及其催化性质研究。中国科学院上海有机化学研究所博士论文,2018年。

他们的这个发现的重要性在哪里呢？芳香性是 π-共轭分子一类特别重要的现象，许多物理和化学性质都与它密切相关，因此一直受到人们的重视和研究。卟啉类化合物由于其自身的独特性质——通常具有稳定芳香性的 $4n+2\pi$ 电子体系，常被用于芳香性问题的研究。卟啉分子本身形成 18π 电子离域路径，显示出芳香性，已被广泛研究。然而，具有 $4n\pi$ 电子体系的卟啉类化合物由于合成困难，研究较少，文献中已有的报道大多是扩展卟啉。截至刘超和陈庆云的发现为止，$4n\pi$ 体系的非扩展卟啉很少被报道，且大多是在2000年之后才陆续出现。20π 电子 N,N′-二氢卟啉是大约半个世纪前由诺贝尔奖获得者伍德沃德在合成叶绿素时提出的假想结构，它的合成在卟啉化学中颇具挑战性，一直以来难以捕捉。刘超和陈庆云的工作首次成功证实了此假想结构。

虽然陈庆云谦虚地认为这是一次幸运的发现，但能够获得 20π 电子非芳香性 N,N′-二氢卟啉绝非偶然，这是陈庆云长期关注基础研究，在坚实的氟化学基础研究上将氟化学扩展和应用的结果。陈庆云小组将氟化学，特别是自己小组之前发展的多种氟烷基化的试剂和方法，与卟啉化学结合，开辟了一个新的交叉研究领域并取得了众多研究成果，受到了国际同行的关注和好评。

2007年，JACS发表了刘超和陈先生关于独特电子结构的含氟烷基卟啉结构的文章。文章发表后，日本京都大学著名的卟啉化学家A. Osuka教授特意发来电子邮件表示祝贺，希望能更多地与陈先生交流。其实，从2000年初陈先生进入这个交叉领域后，在氟烷基卟啉方面做了很多工作，直到目前国际上氟烷基卟啉方面的文章很多都是陈先生做的。在这个细分领域，陈先生小组在国际上是走在前面的。[1]

---

[1] 刘超访谈，2018年5月15日，上海。资料存于采集工程数据库。

惰性氟烷基氯代烷的碳—氯键活化

陈庆云小组在脱卤亚磺化反应的研究中发现，全氟烷基氯代烷在通用的脱卤亚磺化条件下不能反应。而当溶剂改为二甲基亚砜（DMSO）时，反应能顺利进行。陈庆云开始思考：为什么溶剂在改进脱卤亚磺化反应中起到了关键作用？当时关于全氟烷基碳—氯键活化的方法非常有限，有关氟烷基卤代烷的反应研究几乎都集中于全氟烷基碘代烷和溴代烷的化学行为，对于全氟烷基氯代烷则一直认为它是有化学惰性的。因此，陈庆云开始研究更多、更好的方法来活化氟烷基碳—氯键。另外，在早期研究氟利昂代用品的过程中，陈庆云就认识到碳—氯键活化和转化在环境保护和工业生产中的重要性。于是，他们从2000年前后开始基于改进脱卤亚磺化反应，以氟烷基碳—氯键活化为中心进行了系列研究。

第一个方面的研究，是改进脱卤亚磺化反应中的溶剂效应的机理研究。既然用同样的脱卤亚磺化试剂，为什么全氟烷基氯在 $CH_3CN—H_2O$ 中不能反应，而在二甲基亚砜中就可以进行？反应的溶剂效应应该如何得到深入解释？

通过仔细观察反应，他们发现两种反应体系有一个明显的差别，就是二甲基亚砜沸点高，可以在高温下反应；而 $CH_3CN—H_2O$ 由于沸点所限，无法达到这么高的温度。并通过后期的电化学方法和一系列实验，对脱卤亚磺化反应中长期困扰的溶剂效应问题进行了细致研究，给出了较好的解释和理解。

第二个方面的研究，是将在研究脱卤亚磺化反应条件下氟烷基卟啉的自由基分子内环化反应的结果拓展到相关小分子合成中。陈庆云小组在研究各种ω-碘代或者氯代全氟烷基卟啉的自由基分子内环化反应过程中发现，反应可以得到饱和关环产物，还能够在调节改进脱卤亚磺化反应条件后进一步化学转化，生成相应的还原脱氟芳构化产物。考虑到苯环在一定程度上类似于卟啉大环，对于一般的芳香族化合物，这一有趣的分子内自由基环化反应是否同样有效呢？这是陈庆云非常感兴趣的课题。为此，曹海萍和陈庆云在已有的含氟卟啉分子研究基础上，通过 Ullmann 偶联反应及脱卤亚磺化反应，先制备了一系列的环化反应前体，再通过调节改进脱卤亚磺化反应条件成功实现了小分子中的自由基分子内环化反应，获得了一系列含氟苯并六元环产物。其中大部分为饱和关环产物，同时也形成了一些部分脱氟及部分氢化产物。

第三个方面的研究，是陈庆云从 20 世纪 80 年代末就开始关注的氟利昂代用品研制中涉及的氟氯烷烃的转化和利用。氟氯烷烃（HCFCs）具有很多优良的性能，如低毒、不燃及很好的溶解性、化学稳定性和热稳定性等，主要用来做制冷剂、发泡剂和清洗剂，在氟化工产品中有举足轻重的地位。尽管用途广泛，氟氯烷烃对环境具有负面影响，主要表现在破坏臭氧层和导致温室效应两个方面。陈庆云曾经领导和参与了很多氟利昂代用品的研制，非常担忧氟氯烃引起的环境问题，希望能够从源头上解决问题。

正是带着这种强烈的责任感，陈庆云小组开始从环保和氟化学工业的角度思考基础研究。如前所述，无论是从氟化学基础理论研究角度，还是从环境保护角度来看，实现氟氯烷烃中惰性碳—氯键的活化和转化都具有重大意义。有效利用这些氟氯烷烃的关键在于其中惰性碳—氯键的活化和断裂，陈庆云试图从此入手。陈庆云小组曾发现锌/氯化镍可以有效地将全氟烷基氯代烷还原到 1-氢全氟烷烃，反应被认为是单电子转移的过程。受此启发，2001 年，黄小庭和陈庆云发现当加入三苯基膦做配体后，全氟烷基氯化物中的碳—氯键可以在零价镍的催化下经历一个单电子转移过程，被活化发生高效断裂产生全氟烷基自由基，进而与烯烃、炔烃或者芳烃发生反应，得到有用的含氟烷基化合物。

此外，唐小军和陈庆云以两个大量可得的工业产品 1,1,1-三氟 -2-氯乙烷（CF_3CH_2Cl，HCFC-133a）和 1,1,1-三氟 -2,2-二氯乙烷（CF_3CHCl_2，HCFC-123）为原料，通过研究单电子转移反应来活化它们的惰性碳—氯键，进而将它们转化成有用的化合物。①

---

① 唐小军：1,1,1-三氟 -2-氯乙烷（HCFC-133a）和 1,1,1-三氟 -2,2-二氯乙烷（HCFC-123）的 C—Cl 键断裂之研究。中国科学院上海有机化学研究所博士论文，2012 年。

"陈试剂"的新发展

2013年，学生刘超回到陈庆云研究小组工作。

> 我回来以后主要是进行有机氟化学方法学研究。当时国内外越来越多的人进入氟化学领域，氟化学变得非常热门。但是很多文章都是"凑热闹"，跟在别人的后面去做。陈先生觉得不应该赶时髦，而是要把自己特色的东西做大、做强、做好。在他的指导和影响下，我就想"陈试剂"的用途如何能够继续拓展。陈先生从20世纪80年代末到现在，已经做了这么多年，作出了很多好的结果，我们是否能够立足现在有机氟化学的发展，再进一步深入地探讨，并继续发挥它的效力呢？[①]

在这种思想的促进下，陈庆云和刘超、赵刚、吴浩、刘永安等开始研究基于"陈试剂"的氟磺酰基二氟乙酸金属盐的性质和反应。他们发现氟磺酰基二氟乙酸金属盐在极性溶剂中很容易发生分解并释放出气体，对分解后的反应体系进行氟谱跟踪，发现其中有三氟甲基金属物种以及二氟卡宾参与反应的副产物产生。考虑到三氟甲基铜是重要的三氟甲基化反应的活性中间体，他们设想能否将氟磺酰基二氟乙酸的铜盐用于亲核三氟甲基化反应。于是，他们在"陈试剂"基础上发展了一种更加温和、高效的三氟甲基化试剂——氟磺酰基二氟乙酸铜。该试剂可以对芳基卤代物和苄溴化合物在室温下快速进行三氟甲基化反应。与"陈试剂"相比，反应条件更加温和，反应产率通常也更高。

"陈试剂"虽然得到了广泛的承认，但是在应用过程中，副产物二氧化硫在可能影响反应的同时，也带来了环境污染问题，不利于试剂的应用推广，曾有国际同行表达过这类关切。因此他一直在思考，除了继续发挥"陈

[①] 刘超访谈，2018年5月15日，上海。资料存于采集工程数据库。

试剂"的作用，能否改进"陈试剂"的二氧化硫排出问题和提高其经济性？

2017年，刘超、陈庆云、刘永安等合成了氟磺酰基二氟乙酸银，在N-氟代双苯磺酰亚胺（NFSI）作用下和烯烃反应，同时向分子中高效引入三氟甲基和氟磺酰基两种重要的含氟官能团。该反应利用自由基化学方法，将众多基于"陈试剂"的三氟甲基化试剂的应用范围首次扩大到了自由基三氟甲基化反应，并将反应中产生的副产物二氧化硫充分利用，转化为重要的磺酰氟基团。他们的研究论文发表在国际权威刊物《德国应用化学》上，评审人给了很高的评价，认为这是他们在自己有特色的工作基础上的一个重要突破。

另外，值得指出的是，虽然陈庆云小组的整个工作都同F-53有密切关系，但是陈庆云近年来注意到了F-53的可能副作用和后遗症。

> 八个碳的全氟烷基羧酸和磺酸及其衍生物，可以作为高效的表面活性剂，它们在我们的生活中无处不在，非常有用。但是现在发现，它们太稳定、太难降解，有持久性的环境污染问题。目前美国、欧洲和亚洲很多人的血液里都有这些化合物，主要生产它的三个公司已经停产。那么，F-53有没有这个问题呢？[①]

怀着强烈的责任感，陈庆云开始思考能不能找到一个与F-53效果一样的，但没有持久性污染的试剂。学生郭勇，目前专门负责研究F-53的替代品。他提到，与F-53匹配的试剂叫全氟辛基磺酸钾，简称PFS，这类物质现在被联合国列为持久性有机污染物，他的工作就是研究找到有持久性有机污染的这些全氟化合物的替代化学。F-53的化学为他目前发展新的含氟、环境友好型的表面活性剂打下了非常好的基础。

陈庆云小组目前继续致力于开发更多更好的含氟试剂和体系，特别是努力拓展以"陈试剂"为代表的具有自身特色的试剂和体系的应用范围。与此同时，他们还希望进一步提高它们在合成应用过程中的原子经济性和绿色化，把它们做大做强做好。

---

① 陈庆云访谈，2018年2月9日，上海。资料存于采集工程数据库。

第八章
"上海氟化学"与凝聚集体智慧

打造"上海氟化学"

2009 年陈庆云 80 岁之际，1984 年度美国化学会氟化学奖获得者、美国爱荷华大学的唐纳德·伯顿（Donald Burton）教授来信祝寿，并写道："您对有机氟化学领域的原创性贡献已经使您成为这一独特领域的全球学术领袖之一，并建立了您在这一重要化学领域中的学术传统。您还帮助建立了全球主要氟化学研究机构之一。"日本冈山大学交叉科学研究中心的宇根山健冶也在贺信中写道："利用氟磺酰二氟乙酸甲酯的三氟甲基化反应，利用氟磺酰二氟乙酸（三甲基）硅酯的二氟环丙烷化反应，利用单电子转移反应的全氟烷基碘化，以及含氟烷基卟啉化学属于我所钟爱的化学中的一部分。（陈教授）这些工作无疑对现代有机氟化学的发展产生了影响。"

陈庆云、黄维垣、胡昌明等人的努力，为团队赢得了"上海氟化学"的美誉。而"上海氟化学"荣誉的取得，与 F-53 密切相关。F-53 铬雾抑制剂是我国具有完全自主知识产权的技术，不仅解决了电镀工艺引起的环境和健康问题，而且大力推动了中国氟化学的发展。F-53防铬雾的效果为什么特别好？陈庆云推测是因为碳链中间有一个氧，"这是我们独创的，以前从来没有过，在一个碳链中有氧不容易。"正是基于这条独特的含氧链条，上海有机所做了一系列研究，并成为上海有机所的特色。

"当时设计F-53的时候，没有预料到链条中有氧会带来这么多好处和独特性"，陈庆云回忆，"当时设计路线的时候知道分子链中会有氧，但是不知道有氧好还是不好。"从基础研究的角度来看，为什么会产生这种独特的链条？F-53做出来以后，陈庆云和学生又回过头研究该反应是如何进行的。反应机理是做化学、做科学的人最关键、最关心的事情。由此开始，陈庆云和上海有机所的同行一起继续深入研究四氟乙烷-β-磺内酯化学。"F-53的关键原料是磺内酯，由它和其他化合物反应可以衍生出各种全氟或多氟磺酸类化合物，这些就是后面我们研究二氟卡宾、三氟甲基化等的基础和来源。因此，我们小组的一系列工作是由F-53带动出来的。"①

当然，"上海氟化学"这一荣誉的获取，不仅是因为一条专属的、特殊的链条，更重要的是，陈庆云等为氟化学开辟了新的领域，作出了原创性的、引领性的工作。

> 我们现在做学术研究有三个标准：the first，第一个发现；the most，做得最多；the best，做得最好。实际上，the first是最重要的，因为它属于引领性的。陈先生的工作就属于the first，如"陈试剂"、二氟卡宾等，在国际上的原创性比较强。作为一个科学家或者是氟化学科研工作者，在我们国家氟化学研究工作的早期能有一个突破点，很难得，何况他还不止一个……评价一个科学家的成就，要看他是不是做了一些原创性的工作，而且是引领性的、有他个人特色的，然后在中国形成一个点、一个线、一个面，最后形成一个群体。陈先生在

---

① 陈庆云访谈，2018年5月15日，上海。资料存于采集工程数据库。

这点起到了榜样的作用。①

陈庆云所起到的"榜样作用"是什么呢？那就是要做引领性的工作，不要做跟风的工作，作出有自己特色的氟化学。陈庆云如何作出有特色的氟化学？这与他对氟化学的独特理解有关。2009年，80岁的他写道：

> 在我从事氟化学研究的五十年中，我深刻理解有机氟化学是有机化学的一个分支，既服从有机化学的一般规律，又有氟化学本身的特点。正是这些特点吸引我，困惑我，鼓舞我。既有成功的喜悦，也有失败的懊丧，而且即使是成功的实验也不是所有问题都已阐明，因而引起强烈求真欲望和立刻实践的冲动。②

按照陈庆云的理解，氟化学符合有机化学理论，又有它的独特性。这样的理解有什么好处呢？胡金波认为，一些氟化学中看似比较反常的反应，恰恰像放大镜，能够凸显一般的有机化学不太容易发现的理论，通过氟化学中非常极端的例子可以把它放大出来，这对于理论的拓展和研究有很大帮助。

> 比如二氟卡宾反应。一般的卡宾是高度活泼的，反应很难控制。但是很多人发现二氟卡宾的反应很好控制，因为二氟卡宾是含卤素卡宾，是最稳定的一类卡宾，稳定的卡宾参与的反应的可控性是更高的。这完全符合"越稳定，它的选择性越高，反应活性越低"这一基本理论。也就是说，二氟卡宾的稳定性特征，提供了一个新的支撑有机化学理论很好的例子。结合氟化学的基础理论和有机化学的普遍规律，这是陈先生研究的独特性。我觉得这是非常好的理念，我自己的

---

① 赵晓明访谈，2018年10月21日，上海。资料存于采集工程数据库。
② 陈庆云：我的氟化学情结。见：《陈庆云院士80华诞志庆集》，2009年，第22页，内部资料。

很多研究也是借鉴他的这个理念。①

"培养研究生，而不是操作工"

陈庆云的学生们在氟化学研究领域也做了许多重要工作，受到了国际同行的赞誉。1978年度美国化学会氟化学奖获得者、美国爱达荷大学Jean'ne M. Shreeve教授在写给陈庆云的信中提道："您对有机氟化学的许多贡献是模范性的，您的许多学术论文无论在质量上还是在数量上无疑都是杰出的。同时，我特别想就您给予您许多同事（学生）优良的训练方面，向您表示感谢和称颂。我很高兴能直接和郭彩云、苏德宝、肖吉昌、郭勇、曾卓等人共事，您的这些学生来到我这里的时候都充满活力，并带着继续取得（与在您指导下工作时一样的）高水平科研工作的愿望。"

对于培养学生，陈庆云一直秉持的理念是"培养研究生，而不是操作工"。一二年级时严格，三四年级时放手，是陈庆云培养学生的一个原则。

实验要看，分析数据也要看。开始的时候一步一步地教，一年以后，我觉得学生可以了，我就不看了。第二年跟学生讨论"今天做得怎么样？明天做什么东西？"有时候还要抽查实验记录本。第三年要学生自己管自己，学生自己要有想法，自己想办法解决问题，学生需要我的帮助可以提出来，大家一道讨论解决。先要让学生打好基础，养好习惯和形成规范，往后要给学生足够的空间和自由，这样就能更好更快地做事，这样才能培养人。每天管教不行，该放的要放，该管的要管。②

---

① 胡金波访谈，2018年5月15日，上海。资料存于采集工程数据库。
② 陈庆云访谈，2018年3月9日，上海。存地同上。

图 8-1　20 世纪 90 年代，陈庆云在实验室指导学生

陈庆云的"先严格、后放手"能够让学生独立地去做事情。但是，"放手"并不代表不指导。已经独立开展工作的郭勇，一直觉得陈庆云对待学生时期的他和工作之后的他，历来风格是一样的。"他是放手让你做事，不干涉很多。但是如果碰到重大问题，他也会给你一些相应的指导，这对我的帮助是非常大的。"[1]

陈庆云培养学生的第二个特点是尊重学生兴趣，并时刻鼓励学生。陈庆云总是跟学生说"你要愿意就去做，要没有兴趣，我们可以换掉。"[2] 陈庆云认为，鼓励学生做科研的首要条件是学生自己要愿意、对课题要感兴趣。学生杨国英说，陈庆云在课题研究选择方面不会特别限制大家。"陈先生不会要求我们一定要做哪个。有一次我跟他讲，我有个想法，问他感不感兴趣，他毫不迟疑地说'当然感兴趣'，这对我们来说是非常大的鼓励。"[3] 陈庆云办公室的大门永远向学生敞开，学生随时可以去跟他讨论。

---

[1]　郭勇访谈，2018 年 5 月 15 日，上海。资料存于采集工程数据库。
[2]　肖吉昌访谈，2018 年 5 月 15 日，上海。存地同上。
[3]　杨国英访谈，2018 年 12 月 23 日，上海。存地同上。

第八章　"上海氟化学"与凝聚集体智慧

图 8-2　2019 年，陈庆云九十华诞庆贺会上与学生们合影

陈庆云非常注重培养学生掌握解决问题的方法和研究方式，启发学生自己去尝试。

> 当时我进组的时候，陈先生首先向我介绍组里大概的研究情况，给我一些资料让我回去学习，让我一周以后再找他。他向我介绍有哪几个方向他比较感兴趣，或者有研究价值，想听听我的意见，让我自己提出感兴趣的方向。他非常尊重学生的兴趣，他会提出建议，但不会要你一定要做这个方向，而是以一种朋友的沟通方式，尊重学生的兴趣爱好，尊重学生自己的思想。当时沟通之后，我自己对含氟吡啶这块查了一些资料，有所了解以后才选择了这个研究方向。①

陈庆云培养学生的第三个特点是对学生的论文水平要求很高。陈庆云强调，在他这里毕业的人，一定要达到基本要求，否则绝不放行。

---

① 刘超访谈，2018 年 5 月 15 日，上海。资料存于采集工程数据库。

硕士就要达到硕士的水平,博士就要达到博士的水平。

一篇文章从开始到发表,要反复多次修改,基本的东西要过硬才行,否则送出去也很难被采用。所以我经常强调,学生要自己写文章,写了才会发现问题。不单单是写作的问题,可能实验本身就有问题。通过写作,既培养了学生的写作能力,又让学生发现了问题。学生要经过这样一个磨炼才行。①

在黄维垣的脱卤亚磺化反应基础上,陈庆云将该反应的适用范围从全氟烷基碘代烷和溴代烷扩展到氯代烷,做到了碳—氯键活化。为此,陈庆云和郭勇、肖吉昌等打算合作写一篇文章,献给黄维垣。

陈先生每一次都很认真地看,然后提意见、告诉我们怎样修改。陈先生改文章速度非常快,学生请他修改论文,有时当天就改完了,他这一点做得很好,值得我们学习。我学生生涯中的第二篇文章其实写得不太好,那年刚好过春节,陈先生就说:"你这个文章我改了一个星期,终于改好了,之后你就不用做太多的工作。"学生做得不是很好的时候,他就把责任承担过去,认为自己辛苦一点也没事。②

陈先生对研究生很爱护,也很用心。他每周组织两次研究生会议,平常他的研究生也经常向他汇报。我在组里待的时间长,后来他的研究生越来越多,如果某个人在某个方面有什么问题,他也会让我帮他注意一下。有的研究生来自工厂,研究技能比较差,他就交代我辅导一下。他说,"人家来咱们这里,是因为觉得我们好,我们不要辜负人家。"③

陈庆云为人低调、言语不多,但是一旦说话就会说在点子上。郭彩云1988年出国学习前,陈庆云给了很多指导和鼓励。

---

① 陈庆云访谈,2018年3月9日,上海。资料存于采集工程数据库。
② 郭勇访谈,2018年5月15日,上海。存地同上。
③ 郭彩云访谈,2019年9月24日,上海。存地同上。

他说:"出去开开眼界,看看别人怎么做的,我们才可以提高。"我写简历的过程中,他跟我说:"你送出去的简历,第一不能有语法错误,第二不能有单词错误,一个字母也不能错,错了人家会感到你英语不好。"我觉得他说得很真切!

当时有机所的研究人员都希望出国学习,他说:"怎么才算出国呢?不是你在国内一些手续办好,别人的表寄过来。等你进了实验室,跟你谈了工作,真正开始做工作了才叫出国。"他说这句话的目的,是要你非常用心地对待每一个环节。①

为了给学生合理地指导,陈庆云一直保持对学术前沿的高度关注。"每天都要有进步,不然就会落后""三天不看文献就心慌",陈庆云如是说。

我觉得我不是很聪明,但是我做一件事情就拼着命干,尽我最大的努力。比如说,我今年快 90 岁了,应该说可以休息了。但是我害

图 8-3 2018 年,陈庆云在办公室看文献

---

① 郭彩云访谈,2019 年 9 月 24 日,上海。资料存于采集工程数据库。

怕落后，三天没有看最新的文献，我心里就慌得很。人活着就要渴望新的知识，不然就没意思了。我这个人就是不能停。一天不努力就掉下去了，要靠自己的努力去开阔眼界，这样才会不断进步。[①]

对此，肖吉昌深有感触："陈先生读的文献特别多，我遇到问题时，他就会告诉我哪一个文献可能会对我有启发，哪个人的工作我去看一看、查一查。"[②]2018年10月，上海有机所的有机氟化学重点实验室承办了中国化学会第十五届全国氟化学会议，马上90周岁的陈庆云全程参会并认真听取报告。"我们开学术会议，陈先生也来参加，他90岁高龄还能坚持参加学术活动，非常难得。他的出现本身就起到了榜样的作用。"[③]

开启与拓展国际交流与合作

2019年1月25日，在庆祝陈庆云九十岁华诞的学术报告会上，美国佛罗里达大学多比尔教授作了题为《二氟卡宾化学的新发展》（New Development of Difluorocarbene Chemistry）的报告，回顾了与陈庆云数年的学术交往和学术友情。2004年，他与陈庆云等合作研究一种新型的高效二氟卡宾试剂——氟磺酰基二氟乙酸三甲基硅酯。此外，陈庆云与1984年度美国化学会氟化学奖获得者、美国爱荷华大学的唐纳德·伯顿教授，1991年度美国化学会氟化学奖获得者、2005年度莫瓦桑氟化学奖获得者、英国达勒姆大学理查德·钱伯斯（Richard Chambers）教授等都有着长久的学术友谊。

陈庆云是改革开放后最早和国际上恢复交流的一批学者。1979年1月，

[①] 陈庆云访谈，2018年3月16日，上海。资料存于采集工程数据库。
[②] 肖吉昌访谈，2018年5月15日，上海。存地同上。
[③] 赵晓明访谈，2018年10月21日，上海。存地同上。

图 8-4　2019 年，陈庆云九十华诞庆贺会上与多比尔教授合影

陈庆云和黄维垣、冯允恭一起参加了美国化学会氟化学小组召开的第四次冬季氟化学会议，与来自英国、法国、波兰等多个国家的学者进行交流，会议期间还观看了在肯尼迪空间试验中心发射人造地球卫星，受到了美国科学家的友好接待。他们还与波顿教授等进行座谈和交流，并由此展开了他

图 8-5　1979 年，陈庆云（右 3）在肯尼迪空间试验中心观看人造地球卫星发射

图 8-6　1979 年，陈庆云（左）、黄维垣和唐纳德·伯顿教授交流

图 8-7　1979 年，陈庆云（左 2）在美国伊萨卡学院与诺贝尔奖得主霍夫曼教授（右 2）交流

们多年的学术友谊。会议结束后的参观访问过程中，陈庆云先后在杜邦公司、3M 公司、太湖公司以及哈佛大学作报告。这是陈庆云第一次出访美国。

1979 年后，陈庆云参加国际学术交流的机会多了起来。1982 年 9 月，他赴南斯拉夫奥赫里德参加国际表面活性剂会议。由于含氟化合物主要用途之一就是表面活性剂，陈庆云着重关注了含氟表面活性剂的研究情况。

图 8-8　1982 年，陈庆云（右 1）在南斯拉夫奥赫里德参加学术会议

会后，陈庆云取道莫斯科回国时，重访原来在苏联科学院元素有机化合物研究所的老友并参观研究室。1984 年 12 月，陈庆云参加了在美国夏威夷举行的首届环太平洋化学大会并宣读论文。这次会议，科学院组织了一个代表团参加，国际学者主要来自德国、法国和美国。

1986 年 8 月在巴黎举行的纪念元素氟发现一百周年国际学术讨论会，是最令陈庆云高兴的一次国际交流之一，不仅因为在这次会议上黄维垣获得了莫瓦桑奖，还因为陈庆云感到自己在氟化学研究领域的工作有了进展，能够更好地和国际同行交流、开阔眼界。"那一次是我最开心的出国交流，行程从巴黎到法国南边。那个年代我的工作做得还可以，有东西可以讲了。如果去开会没有东西讲是很难为情的……法国这一趟收获很大，去了不少化学研究所参观，作了学术报告，和国外同行深入交流，算是开了眼界。"①

与此同时，陈庆云和苏联留学时期的同事们也逐渐恢复了联系。1988

---

① 陈庆云访谈，2018 年 3 月 9 日，上海。资料存于采集工程数据库。

年，苏联科学院 Fokin 院士和 German 教授来中国访问，陈庆云负责接待。陈庆云在苏联留学时期，German 教授和他在同一个实验室，毕业后一直在苏联科学院工作，先后访问了中国三次。

1989 年 9 月 30 日，陈庆云赴苏联访问苏联科学院元素有机化合物研究所和新西伯利亚有机化学研究所。同年 10 月，他接待了苏联新西伯利亚有机化学研究所副所长 Furin 教授来访。

新西伯利亚有机化学研究所的特色是做全氟苯环。我们一般做长链的化合物，他们做五氟苯、六氟苯，难度大，他们有一套自己的方法，别人始终做不到。原理很简单，做起来真是不容易。[①]

图 8-9　1986 年，陈庆云与黄维垣（中）、戴行义（左）在巴黎

除了氟化学基础研究领域的学术交流，陈庆云在 20 世纪 90 年代也多次参加氟化学应用领域的交流。1990 年 11 月，陈庆云赴日本考察氟利昂代用品研制情况，访问了旭硝子、大金等公司。1991 年 7 月，他应邀赴美国考察，访问杜邦公司、All-signal 公司。1994 年 5 月，他访问韩国科学技术研究院 CFC 替代物技术中心，交流 CFC 替代品工作进展。在这些氟化学应用领域交流的基础上，杜邦公司与上海有机所建立了长期的合作关系，将他们需要的产品交给有机所研制。90 年代后期，国内的科研环境更加开放，陈庆云和黄维垣等也开始接手一些国外的研究工作。

[①] 陈庆云访谈，2018 年 3 月 9 日，上海。资料存于采集工程数据库。

图 8-10　1990 年，陈庆云率团赴日本考察

那个时候各个课题组都要规划自己的课题，要争取更多的研究经费来维持研究。当时主要通过陈先生、黄先生同国外进行联系。很多著名的公司，如杜邦公司、3M 公司、氢胺公司等纷纷来有机所寻求合作。①

美国冬季氟化学会议、国际氟化学会议以及欧洲氟化学会议，是陈庆云固定参加的会议，几乎每次都去。

参加这些国际会议有一点比较好，比如我们第一次参加美国的冬季氟化学会议，国外学者不认识我们，我们也不认识他们，后来慢慢熟了。这个"门"打开以后，出国交流的人就多了。我们的学生毕业后也会到各个地方去做博士后，交流频繁起来，也建立了友谊。②

---

① 郭彩云访谈，2019 年 9 月 24 日，上海。资料存于采集工程数据库。
② 陈庆云访谈，2018 年 3 月 9 日，上海。存地同上。

图 8-11　1991 年，陈庆云（左 2）在德国波恩参加第 13 届国际氟化学会议

图 8-12　1997 年，陈庆云（前排左 3）在加拿大温哥华参加国际氟化学会议

凝聚集体智慧

陈庆云在 2009 年撰写的《我的氟化学情结》中提道：

> 我自认平凡，无过人的智力，但有一点执着的追求。有幸的是能工作在有着优良研究传统的上海有机所中，这里充满着探索的激情和求实苦干的精神，有着循循善诱、潜移默化的氛围，名师不少，能人良多。我在此受益匪浅。如果一定要说我在上海有机所四十五年中做了一点点事的话，那首先要归功于上海有机所这一伟大的集体，任何个人，本事再大，离开集体便会一事无成。

陈庆云所指的"集体"，不仅是课题组、研究室，也不仅仅是上海有机所，还包括整个无形的氟化学研究共同体。正是靠着这种集体意识，陈庆云将集体的智慧凝聚起来。

在课题研究小组中，陈庆云让有经验的高年级同学帮助刚进组的同学，就是利用集体智慧的一种表现。

> 陈老师一直非常强调集体意识和团队意识，他经常说的一句话是"个人的能力再强，如果离开了好的集体，最终也不可能取得大的成果"。虽然这句话比较简单，但是这一点非常重要。刚进组的研究生会由高年级的师兄带着做实验。陈先生是让大家知道，要学会为集体服务，要有团队意识。[1]

> 对一个研究部门来讲，假如不同年龄层次的人才没有很好地衔接上，容易造成研究室慢慢弱化甚至消失。陈先生说一个研究室建起来不容易，要垮掉是很容易的，垮了之后重新再建就难多了，所以要确

---

[1] 刘超访谈，2018 年 5 月 15 日，上海。资料存于采集工程数据库。

保研究团队屹立不倒。他强调人才建设和研究方向的把握要长期进行，要高度重视和进行有效的规划和设计。[①]

我们有一个很好的传统，就是方向会相互渗透，你做我的，我也可以做你的。例如，现在很多做金属有机的也做氟化学，而且工作做得很漂亮，这是非常好的事情，本来研究方向就是开放的。如果只在自己的领域做工作，眼界就窄了，研究成果的影响力也相对较小。[②]

陈庆云的集体意识还包括整个学术共同体。他认为，做氟化学不能只关注我国的有机化学领域，还要了解其他国家的研究进展，"只有这样，视野才能开阔"。在这种开阔的思维下，上海有机所的中国科学院有机氟化学重点实验室吸引了不同地方的研究者，实验室也面向全世界开放，共同推动学科进展。

把氟化学用起来

陈庆云是一个对氟化学有情怀的科学家。在他的氟化学研究生涯中，一直注重将氟化学应用于国家工业领域的发展。陈庆云感叹，自己这辈子做研究有两个比较遗憾的方面：一是在理论方面的积累还不够。如果有机会能够重新读大学，他一定会把物理和数学学得更深一点。二是自己在应用方面的研究做得少。

实际上，陈庆云在氟化学的应用方面已经做了很多工作，如氟材料、铬雾抑制剂、氟利昂代用品等。

2010年，我们一起去中化蓝天集团，他们在太仓有个氟化工研发基地，也有生产车间。中化蓝天集团在生产中产生了一种产量非常

[①] 胡金波访谈，2018年5月15日。上海。资料存于采集工程数据库。
[②] 陈庆云访谈，2018年5月15日，上海。存地同上。

大的废料——五氟氯乙烷，他们希望把废料转化成一个有用的含氟产品。我们利用陈先生的改进脱卤亚磺化反应活化碳—氯键，把五氟氯乙烷转变成相应的亚磺酸盐，然后与碘单质反应生成五氟碘乙烷。五氟碘乙烷是非常重要的含氟精细化学品，在含氟材料和含氟有机物的合成中非常有用。我们把实验室阶段的开发做好后便移交给他们，据他们反馈，这个反应不仅可以很快重复出来，而且在我们反应规模的基础上还可以放大。工业界有什么问题，陈先生想的都是怎么把问题解决、怎么把产品做好。这种执着的专业精神非常值得学习。①

尽管如此，陈庆云对自己有更高的要求，希望能在工业应用方面做得更多。他也会建议学生在做科研的过程中多考虑氟化学工业和应用。

胡金波到上海有机所工作后，陈庆云时常和他提到，氟化学研究室在基础研究方面确实有进步，但是在应用方面也要多下功夫，要为我们国家氟化工提升作出努力。他讲了一个例子，美国杜邦公司有很多产品，但我们只有简单的聚四氟乙烯产品。从这方面来讲，我们基础研究人员要利用聪明才智，把社会所需要的产品与研究聚合在一起，真正做一些高尖产品。②

陈先生和我讲的比较多的是，做东西不要做中看不中用的。首先要考虑做的这个东西有没有用？国家是不是需要？社会是不是需要？这是第一个出发点。理想的状态是你做这个东西是社会需要的。然后，在做的过程中发现还有学术上没有解决的问题，通过这个东西进而解决学术上的问题，这样就是一个两全其美的事情。他总是在跟我说，要学会从一个具体的实际应用和需求当中发现基础性的科学问题。③

---

① 张成潘访谈，2018年10月21日，上海。资料存于采集工程数据库。
② 胡金波访谈，2018年5月15日，上海。存地同上。
③ 肖吉昌访谈，2018年5月15日，上海。存地同上。

陈庆云认为，基础研究和实际应用的结合是一个复杂问题，要有国家的长远规划、资源的调配、科学研究领域的整合，并且需要长久的积累和努力。"虽然由实验室到真正应用还有比较长的过程，但我觉得不管怎样，我们一定要有决心做应该做的事情"。[1] 怎样发展氟化学很重要，陈庆云将希望寄托于下一代。

---

[1] 陈庆云访谈，2018 年 5 月 15 日，上海。资料存于采集工程数据库。

结　语
陈庆云学术成长特点

朴素的执着

在回顾自己的人生经历与科研过程时，陈庆云反复强调，自己作为一个农民的孩子，没有什么过人的智慧和本领，凭借的都是国家给的机会以及自己的努力。"我只想着拼命干"，他一直持有这种朴素的执着。无论是求学时期还是走上科研之路，他都是埋头苦干、勇往直前，不曾有任何停滞与懈怠。尽管在氟化学与氟材料的基础与应用研究领域取得了国际瞩目的成果，他仍然觉得自己的研究留有两个遗憾：一是理论基础还不够，二是在氟化学向环境友好方面的应用拓展做得不够。

90岁高龄的他依然保持着对学术前沿的高度关注，他常说"每天都要有进步，不然就会落后""三天不看文献就心慌"。陈庆云每天早上来到办公室的第一件事就是看文献，关注化学特别是氟化学相关的最新科研动态。这种朴素的执着，从早期的求学到后来的科研，从对知识的渴求到对氟化学的热爱，成为他求索道路上不竭的动力。

低调、务实、平易近人、沉稳不张扬，这是大家对陈庆云的一致评价。

"陈先生是一位非常沉稳、低调的科学家，做事情非常实在，从不张扬……他非常强调集体精神，总是说'我没有做什么，这都是大家一起做的'。他平易近人，没有架子，敢放手让别人做，别人有困难也会想办法帮助。"①

"陈先生是我们氟化学研究室里面的'第二个黄维垣',他跟黄老师一样都不太讲话,很温和,但是特别实干。他对人非常客气,有的时候对具体问题也会争论,这一点给我的印象蛮深。"②

科班出身塑造专长

陈庆云总是谦虚地说自己"只是中国氟化学工作者中普通的一员,或者说是一个'老兵'"。作为中国氟化学学科的奠基人之一,陈庆云是同辈中少有的氟化学科班出身的学者,这在他的学术研究道路上起到了非常重要的作用。

学生时期的知识积累,特别是北京大学化学系的曾昭抡、邢其毅、唐敖庆、徐光宪、蒋明谦等老师为陈庆云的化学研究奠定了坚实的基础,这种开拓式的培养令他受益终身。留学苏联时期,他在世界知名的氟化学实验室接受专业培养,在六氟丙酮的研究中体会到了科研乐趣,更加激发了他探索这一未知领域的兴趣,从此笃志研究有机氟。

正是这种科班训练与精深钻研,加上长期的专业积累,使得陈庆云有着更独特的眼界,能够很快找到新的突破点。例如,在课题组准备将"陈氏方法学"用于卟啉领域时,有报道提出三氟甲基化合成少量的结果,提出用别的试剂来做三氟甲基化卟啉应用会有各种问题。当时有人提议,既然已经报道这样做很难,是否应该换一个课题方向。陈庆云却说:"别人报道的是他们的结果,我们用不同的方法去做,别人做不成不代表我们做不成,我们一定要自己去验证,不能只看文。"后来,陈庆云和学生们经过多次讨论和实验,先是很快发现了直接对卟啉进行氟烷基化的简便方法,后来又发展出一系列高效有用的氟烷基卟啉合成的新方法,为可能的应用提供了基础,并首次真正实现了诺贝尔奖得主伍德沃德关于 20π 电子 Isophlorin 的预言,成为含氟卟啉领域的开拓者。

---

① 吉景顺访谈,2019 年 9 月 24 日,上海。资料存于采集工程数据库。
② 骆昌平访谈,2019 年 9 月 24 日,上海。存地同上。

"陈氏方法学"

陈庆云一直深刻地意识到有机氟化学是有机化学的一个分支,既服从有机化学的一般规律,又显示出氟化学自身的特点。"正是这些特点吸引我,困惑我,鼓舞我"。改革开放以后,陈庆云转向基础研究工作,取得了很多享誉国际的研究成果。无论是著名的"陈试剂",还是很有特色的二氟卡宾相关研究,以及后来发展出的惰性氟烷基氯代烷的碳—氯键活化、含氟卟啉的工作,都可以看出他对氟化学特殊性的把握,同时又将氟化学的研究放在有机化学的大框架之下。

国际上虽然报道了很多三氟甲基化的方法,但是陈庆云发展出的"陈试剂"价格低廉、产率高,在工业化应用中表现出色。早期的氟化学研究使用氟化氢、氟化钾作为原料,有毒又易挥发,对实验条件要求较高。"陈试剂"开拓了一条新的原料途径,打破了过去仅限于四氟乙烯、六氟丙烯的原料来源,这在氟化学领域是一个很大的贡献。

陈庆云发现的二氟卡宾试剂,如氟磺酰、二氟乙酸硅酯,有的已经实现工业化应用,有的到今天还被很多研究者使用。二氟卡宾是一个很重要的有机反应中间体,具有很大的理论研究意义,陈庆云研究了它的产生、反应、反应规律等。近年还有国外学者用陈庆云的方法做 F-18 的三氟甲基化的合成工作。这缘于陈庆云没有将氟化学独立起来,没有脱离有机化学这个大框架去专门做有机氟化学,而是在这个大框架下越做越宽。有机化学的细分方向非常多,把握氟原子的特殊性,注意到它呈现出来的特点,把氟化学当作有机化学领域很重要的一部分,才能对有机化学的发展作出独特贡献。特别是,氟化学中看似比较反常的反应,能够使有机化学不太容易发现的理论显现出来。这种独特的氟效应被陈庆云很好地应用到有机化学研究中,形成了自己的体系与特色,改变了大家对有机化学的传统理解。这种体系与特色就是"陈氏方法学",是在"陈试剂"的基础上逐渐发展出来的研究体系。

做有用的氟化学

从探索高温裂解法生产六氟丙烯到独创液相法制备 F-134a，从含聚四氟乙烯等氟材料的研制到钯催化的单电子转移体系，陈庆云一直思考如何能够将氟化学真正地用起来。20 世纪 60—80 年代，他在含氟单体、含氟润滑油、含氟表面活性剂、新型制冷物质以及氟材料的研制方面取得了一系列原创研究成果，为我国氟化学和氟工业的发展作出了突出贡献。研发铬雾抑制剂时，他在工厂整整三年，和工人们一起攻克难关，最终研制出我国有自主知识产权的铬雾抑制剂，直到现在全国上千家工厂依然在使用这个产品。80 年代，陈庆云开始从事基础研究，从上海有机所独有的含氟链条出发拓展三氟甲基化的新试剂，进行全氟磺酸和多氟磺酸的研究，他始终想着如何发展有用的试剂、如何将中间体利用起来。

做有用的氟化学，是陈庆云始终坚持的方向。围绕磺硫酰化学，从最基础的三氧化硫、四氟乙烯为原料合成的特殊结构（β-磺内酯等），发展出各种含氟试剂以及各种氟化方法，陈庆云的一系列工作非常有特色，国际上把这一类方法称为"陈氏方法学"。在这么多的试剂当中，被国际同行称为"陈试剂"的氟砜基二氟乙酸甲酯作为优良实用的亲核三氟甲基化试剂具有很多优势，实现了工业化生产。国外很多大型试剂公司都把它收入试剂目录中，应用广泛。"陈试剂"不单单在基础理论方面具有开创性，在实际应用方面也在发挥作用。

陈庆云改良的亚磺化脱卤反应实现了碳—氯键的活化并应用于实际生产中，将五氟氯乙烷转变成相应的亚磺酸盐，与碘单质反应转变成的五氟碘乙烷是重要的含氟精细化学品，实现了变废为宝。

陈庆云持续关注自己研究成果的应用，他认为做研究一定要有长远的眼光。例如，他注意到自己研制的三氟甲基化试剂在实际应用过程中会产生副产物二氧化硫，带来了新的环境污染问题，于是开始思考如何避免或者降低影响。"陈先生很重视社会效益，他说我们研究的东西一定要接地气，要能够为国家和社会发展起到一些作用，这才是衡量一个科研成果或者研究单位是否能够受到社会大众高度评价的真正标准。"①

基础研究和应用研究相结合

将基础研究和应用研究相结合，是陈庆云一直努力探索的方向。在这种探索中，他总能找到基础研究和应用研究的最佳结合点。

从苏联留学回国后，陈庆云开始从事氟材料的应用研究，除了找到四氟乙烯制取六氟丙烯的最佳条件，为大量生产六氟丙烯提供依据，他还通过基础研究获得了全氟叔丁基碘的反应结果，第一次直接证明了氢卤反应，这是中国人自己提出的比较早的、带有独特思想的一个反应。含氟吡啶新领域的开拓，也是源于陈庆云希望自己在氟化学领域的成果能发挥更大作用。

做有特色的工作，这既是他对自己的要求，也是他对学生的期许。近年来，随着氟化学研究的兴起，许多科研机构纷纷开展了氟化学研究，然而陈庆云告诫学生们"不要为了发文章、赶热潮来做氟化学，要踏实地思考，作出有特色的工作"。为此，陈庆云带领学生开展了关于"陈氏方法学"新用途的研究，真正作出中国科学家自己的成果。此外，陈庆云课题组还进行氟化学的学科交叉研究，如研究氟化学跟石墨烯相结合的氟化石墨烯的特性和应用方法，以及单电子转移反应的新学科交叉工作，希望能够将基础研究拓展到更加实用的领域。

尊重学生兴趣

在对学生的指导上，陈庆云一贯尊重学生的兴趣。从兴趣出发，除了体现在尊重学生研究方向的选取上，还体现在对学生的培养上。

陈庆云课前会很认真地做准备。以前上课用胶片，胶片的内容都是陈庆云自己查资料然后手写出来的。上课时，他强调氟化学是化学的一个分支，要把它放到更宽的领域去理解，视野一定要更广。他鼓励大家主动学习，会给学生一些文献或留一些问题让学生去思考。他的教育思想是启发

---

① 胡金波访谈，2018年5月15日，上海。资料存于采集工程数据库。

式的，让学生自己去创新性地思考，培养学生的兴趣。①

陈庆云对学生的尊重和启发使学生对科学研究充满热情。1984年美国化学会氟化学奖获得者、美国爱荷华大学的伯顿教授曾来信写道："您杰出的研究工作在领域内是广为人知的。我还想感谢您对青年科学家成长所作出的重要贡献。我很幸运能让几位您过去的学生们到我的实验室工作。我发现他们在机理理解和谱图工作两方面的化学知识都是受过优良训练的。他们对化学充满热情，并对我们的研究项目作出了重要贡献。作为一位在学术界的化学家同行，我钦佩和认可您在他们学术生涯发展中所作的重要贡献。"

兴趣和热爱让陈庆云对科研工作保持乐观的态度，对问题刨根究底。他从不直接说教，而是潜移默化地影响别人。

"遇到困难时，我想这个方向不做了，换个方向做。他却说：'我们做一件事情把它做到山穷水尽，不留后悔'。有时候工作不顺利，陈先生就会对我说：'你看看天气365天也有阴天的时候，何况人呢！阴天过去就是晴天，不要垂头丧气'。"②

除了尊重学生的兴趣，陈庆云对学生的要求也十分严格。在做实验的过程中，他非常强调对结构的确证，"做一个反应，如果结构不清楚或者没有完全确证，那么你的工作是不可信的"。陈庆云会仔细检查学生的各种谱图分析，比如，做一个新的反应时，学生拿到报告后一定要把完成的谱图以及对谱图的解释跟陈庆云当面沟通，去说服陈庆云。这种训练和要求使学生在研究过程中非常关注谱图以及谱图对反应的解释，注重实验结果的可靠性。

陈庆云对学生和集体的关爱润物细无声，和他的品格一样，沉稳不张扬。陈庆云在苏联留学时，由于当时的实验室条件不足，导致他体内白细胞数量降低，影响到他的身体健康。正因为如此，他非常注意学生的安全。平时学生在实验操作过程中，如果防护眼镜没有戴，他都会严厉批评，目的就是让学生能够首先保护好自己。

---

① 刘超访谈，2018年5月15日，上海。资料存于采集工程数据库。
② 郭彩云访谈，2019年9月24日，上海。存地同上。

附录一　陈庆云年表

1929年
1月25日，出生于湖南沅江，祖籍湖南湘乡。父亲陈保生，母亲易良，父母均为农民。

1937年
进入沅江县的私塾学习。

1938年
进入湖南南县益智乡中心小学学习。

1942年
7月，毕业于湖南南县益智乡中心小学。毕业时，校长题字"切不要见异思迁"作为鼓励。

考入湖南长郡联立中学校。

1945年
7月，毕业于湖南长郡联立中学校。

考入湖南省立第一中学。

1946年

加入学校的进步学生组织"移风社"。

1947年

7月，毕业于湖南省立第一中学。

1948年

5月，报考北京大学西方语文学系，到武汉参加考试。
9月，从长沙出发前往北京大学报到，到北京时已是10月中旬。

1949年

7月，从北京大学西方语文学系转到化学系。

1952年

5月，加入中国共产主义青年团。
7月，毕业于北京大学化学系。
8月，进入中国科学院仪器馆（现中国科学院长春光学精密机械与物理研究所）工作，对光学玻璃在制造过程中的成分进行分析，同时还试制标准电池。

1955年

7月，到沈阳参加留学苏联入学考试，获得留苏资格，在北京俄语学院留苏预备部学习一年俄文。

1956年

9月，选择氟化学作为研究方向，到北京大学燕东园拜访邢其毅，征求他对去苏联学习氟化学的意见。

赴苏联科学院元素有机化合物研究所攻读副博士学位，师从克鲁扬茨院士和甘巴里扬博士。

1957年

对六氟丙酮的反应进行研究。

11月，在莫斯科大学听毛泽东主席讲话。

1959年

采用一条简洁的合成路线，由六氟丙酮和苯酚在无水氟化氢作用下反应制得六氟双酚A，获苏联专利。

6月，由于含氟丙酮的工作，在苏联科学院元素有机化合物研究所青年专家会议上被授予光荣证书。

7月，与多名同学去列宁格勒游览一周。

1960年

6月15日，通过副博士论文答辩，论文题目为《六氟丙酮的反应》。

6月29日，结束苏联留学生活，回到祖国。

10月，进入中国科学院化学研究所工作，加入蒋锡夔领导的氟橡胶课题组，研制六氟丙烯的合成新法，即由四氟乙烯高温裂解制备六氟丙烯，经过近两年努力取得成功。

与虞芝芬喜结良缘。

1962年

在苏联期间的研究成果形成论文，发表在苏联科学院报。

10月，女儿陈肖出生。

1963年

1月31日，在《化学通报》发表综述论文《含氟烯类的离子型反应》。

7月，与化学研究所氟橡胶课题组的蒋锡夔等人，一起调入中国科学院上海有机化学研究所。

1964年

开展卤代烷与含氟烯烃的调聚反应，目的是制备氟油。

与蒋锡夔、陈秉、梁梦兰合作，成功制备了全氟叔丁基碘。

1965年

研制含硝基的高能炸药黏合剂，进入上海有机所实验厂工作。

1966年

1月31日，《全氟和多氟型有机化合物的化学特性：全氟叔丁基碘以及全氟烷基的诱导效应顺序》发表在《化学学报》上，说明全氟卤代烷不能或很难发生 S_N2 反应，成为亲卤反应的首例。

苏联导师对其六氟丙酮的研究进行总结，论文题名 Reactions of the Carbonyl Group in Fluorinated Ketones（《氟化酮中羰基的反应》），发表在 *Angew. Chem. Int. Ed.* 上。

1967年

被调入09任务组，研制含二氟氨基高能黏合剂。后因反应过程易发生剧烈爆炸，项目被迫停止。

研究耐高温聚全氟丙基三嗪弹性体的合成反应。

1969年

儿子陈豊出生。

1973年

7月，加入中国共产党。

1975年
开始研制电镀铬雾抑制剂。

1977年
将中国科学院有机化学研究所与上海光明电镀厂、泰州电化学厂合作研究的结果写成论文《全氟烷基醚磺酸的制备及应用》，发表在《化学学报》，这是其关于全氟和多氟烷基磺酸系列研究的首篇报道。

1979年
任中国科学院上海有机化学研究所副研究员。

赴美国参加第四届冬季氟化学会议，宣读论文《全氟醚基磺酰氟的制备和反应》。

1980年
2月，主持的"新型制冷剂F-502成分之一F-115的合成"获上海市重大科研成果奖三等奖。

1981年
在上海光明电镀厂进行抑铬雾剂F-53的抑制铬雾效果的现场测试。

1982年
7月，参与蒋锡夔主持的"有机氟化学和自由基化学的研究"项目获得国家自然科学奖三等奖。

9月，参加南斯拉夫国际表面活性剂会议并参观访问四所大学。会后取道莫斯科回国时，重访原来在苏联科学院元素有机化合物研究所的老友，并参观研究室。

10月，"抑铬雾剂F-53及其制备"获国家发明奖三等奖以及上海市重大科研成果奖一等奖。

与朱仕正、张元发、郭彩云、朱蓉仙、周新月等进行全氟和多氟烷基磺酸系列研究，并发表相关研究结果。

1984年

1月，被破格批准为博士研究生导师。

12月，参加在美国夏威夷举行的首届环太平洋化学大会并宣讲论文。

在《有机化学》发表论文《自由基链式亲核取代反应（$S_{RN}1$）的进展》。

与陈亚雄、黄维垣合作的《氟烷基化和氟烷氧基化的研究 I. 溶剂对碘苯氟烷基化的影响》发表于《化学学报》，这是其关于金属引发全氟碘代烷的单电子转移反应的首篇报道。

与朱仕正合作的论文《全氟和多氟烷基磺酸的研究 XIV. 由二氟甲基磺酰氟和亲核试剂生成二氟卡宾》发表于《有机化学》，这是其关于全氟和多氟烷基磺酸衍生物作为二氟卡宾新前体研究的首篇报道。

1985年

7月，担任国务院研究生教育考评专家组专家，在北京、南京、杭州、上海等地进行考评。

与朱仕正合作的论文《全氟和多氟烷基磺酸的研究 XVI. 以二氟甲基磺酸作为二氟卡宾前体合成全氟或多氟烷基磺酸二氟甲酯》发表于《化学学报》，这是首次报道酸性条件下可以产生二氟卡宾。

1986年

6月，被中国科学院上海有机化学研究所聘为研究员。

8月，参加在巴黎举行的纪念元素氟发现一百周年国际学术讨论会。

12月，主持的"全氟和多氟烷基磺酸"项目获中国科学院科技进步奖三等奖。

与苏德宝、朱蓉仙合作的论文《氟烷基化和氟烷氧基化的研究 5. 苯基硫酚阴离子与 5-卤-3-氧杂全氟戊基二乙基磺酰胺的反应》发表于《有机化学》，是其关于亲核试剂引发全氟碘代烷的单电子转移反应的首篇报道。

1988年

接待来访的苏联科学院 Fokin 院士和 German 教授。

8月，参加在美国圣克鲁斯举行的第十二届国际氟化学会议并作邀请报告。

与陈建国合作的论文《氟烷基化和氟烷氧基化的研究 22：四醋酸铅催化氟烷基碘对烯烃的加成》发表于《化学学报》，是其关于在氧化剂催化下全氟烷基碘代烷和烯烃发生反应的首篇文章。

1989年

9月，访问苏联科学院元素有机化合物研究所和新西伯利亚有机化学研究所。

10月，接待苏联新西伯利亚有机化学研究所副所长 Furin 教授来访。

11月，负责国家重点项目"氟利昂代用品的研制"。

与吴生文合作的论文 Methyl Fluorosulphonyldifluoroacetate: A New Trifluoromethylating Agent（《氟磺酰二氟乙酸甲酯：一种新的三氟甲基化剂》）发表于 *J. Chem. Soc., Chem. Commun.*，是第一例铜催化的卤代芳烃的三氟甲基化反应。氟磺酰基二氟乙酸甲酯作为优良实用的三氟甲基化试剂，被称为"陈试剂"。

与吴生文合作的一系列论文提出"氟磺酰基二氟乙酸作为二氟卡宾源，可以方便高效合成各种二氟甲基酯"。

1990年

6月，参加在上海召开的第四次全国氟化学会和第三次中日双边氟化学会议并作报告。

8月，主持的"氟化学中单电子转移反应的研究"获 1989 年国家自然科学奖二等奖。

11月，赴日本考察氟利昂代用品研制情况，访问日本旭硝子、大金等公司。

1991年

7月，应邀赴美国考察，访问杜邦公司、3M公司、All-signal公司。

9月，赴德国波鸿市参加第十三届国际氟化学会议并作报告。

被评为上海市优秀共产党员。

1992年

9月，组团赴英国考察，访问ICI公司。

1993年

11月，当选中国科学院院士。

担任中国化学会《有机化学》杂志主编。

1994年

5月，应邀访问韩国科学技术研究院CFC替代物技术中心，交流CFC替用品工作进展。

5月，被评为上海市劳动模范。

8月，参加在日本京都召开的国际氟化学讨论会并作邀请报告。

8月，参加在日本横滨举行的第十四届国际氟化学会议并作大会报告。

11月至次年1月，参加在台湾地区召开的世界华人有机化学讨论会，并作为期两个月的讲学。

1996年

7月，在日本筑波参加第十七届国际有机硫化学大会并作报告。

在黄维垣主编的《中国氟化学》中撰写第五章《全氟烷基碘的单电子转移反应》和第六章《二氟甲基化和三氟甲基化》。

1997年

担任 *Molecules* 期刊编委。

7月，参加在加拿大温哥华举办的第十五届国际氟化学会议。

1998年

8月，参加在德国柏林召开的第12届欧洲氟化学会议并作大会报告。

1999年

3月，参加在澳大利亚墨尔本举行的中澳双边有机化学讨论会并作报告。

应邀为 *Israel J. Chem.* 撰写综述 Single Electron Transfer Reactions of Perfluoroalkyl Iodides（《全氟烷基碘化物的单电子转移反应》）。

2000年

7月，参加在英国召开的第16届国际氟化学大会并作报告。

受聘为湖南大学特聘教授（至2014年）。

开始研究含氟卟啉的合成、反应、性质和应用。

2001年

10月，参加由中国科学院上海分院组织的赴绍兴考察调研活动。

作为国家自然科学基金委杰出报告之一，论文《F-53的研制带动了有机氟化学的发展》总结了抑铬雾剂F-53的研制过程及后续研究，并发表于《有机化学》。

2002年

中国科学院有机氟化学重点实验室成立，被聘为学术委员会主任。

在与吴恺合作的系列论文中提出并证明了由F-133a（CF_3CH_2Cl）和氟化钾水溶液反应生成F-134a是超临界水介质引起和促进的，这也是超临界水在氟化学中应用的首例。

2004年

获何梁何利基金科学与技术进步奖。

2005年

7月，第17届国际氟化学会议在上海召开，担任会议主席。

2007年

与刘超等合作的论文 Synthesis and Reactions of 20π-Electron β-Tetrakis（Trifluoromethyl）-Meso-Tetraphenylporphyrins 发表于 *J. Am. Chem. Soc.*。首次成功合成表征了诺贝尔奖获得者伍德沃德于20世纪60年代在全合成叶绿素时提出的假想结构——20π电子非芳香性 N,N'-二氢卟啉。

2008年

11月，参加在上海举办的第二届中日韩三国氟化学讨论会并主持首段报告。

2009年

中国科学院上海有机化学研究所为其举办八十寿辰庆祝会。

与林锦鸿、肖吉昌等合作研究新型的吡咯烷基离子液体，可以作为可回收的反应介质和有效的催化剂，成果发表于 *J. Fluorine Chem.*。

2011年

11月，为纪念邢其毅百岁诞辰作文。

2012年

获得首届中国化学会黄维垣氟化学奖。

为庆祝黄维垣院士九十华诞而著的文章 Progress in Fluoroalkylation of Organic Compounds via Sulfinatodehalogenation Initiation System（《亚磺酰脱卤引发体系有机化合物氟烷基化研究进展》）发表在 *Chem. Soc. Rev.*。

2017年

与刘永安、刘超等合成了氟磺酰基二氟乙酸银，在 N-氟代双苯磺酰亚胺作用下和烯烃反应，同时向分子中高效引入三氟甲基和氟磺酰基两种重要的含氟官能团。该氧化自由基反应策略将四氟乙烷-β-磺内酯衍生的系列三氟甲基化试剂的应用范围首次扩大到了自由基三氟甲基化反应，并将反应中产生的副产物——二氧化硫充分利用，转化为重要的磺酰氟基团。研究论文发表在 *Angew. Chem. Int. Ed.*，并且申请了中国专利。

2018年

10月，参加在上海举办的中国化学会第十五届全国氟化学会议。

2019年

1月25日，中国科学院上海有机化学研究所举办"陈庆云院士九十华诞学术报告会"。

2023年

3月2日，在上海逝世，享年94岁。

附录二 陈庆云主要论著目录

[1] KNUNYANTS I L, CHEN Q Y, GAMBARYN N P. 2,2-Bis-Trifluoromethyl (p-hydroxyphenyl) Propane: USSR 117491 [P]. 1959-02-19.

[2] KNUNYANTS I L, CHEN Q Y, GAMBARYN N P. Reactions of Hexafluoroacetone with Organometallic Compounds [J]. Izvest. Akad Nauk SSSR Ser. Chim., 1960: 686-692.

[3] KNUNYANTS I L, CHEN Q Y, GAMBARYN N P. Reactions of Hexafluoroacetone with Compounds Containing Reactive Methylene [J]. Z. vses Chim. Obsc. im. D. I. Mendeleeva, 1960 (5): 112-113.

[4] KNUNYANTS I L, CHEN Q Y, GAMBARYN N P, et al. Reactions of Hexafluoroacetone with Phenols and Amines [J]. Z. vses Chim. Obsc. im. D. I. Mendeleeva, 1960 (5): 114-116.

[5] CHEN Q Y, GAMBARYN N P, KNUNYANTS I L. Conjugation in 1,1-Bis (trifluoromethyl) -2-Nitroethylene and Hexafluoroisopropyliden Malonic Ester [J]. Doklady Akad. Nauk. SSSR, 1960 (133): 1113-1116.

[6] ROKHLIN E M, GAMBARYN N P, CHEN Q Y, et al. 2-Phenyl-

4-Hexafluoroisopropyliden-Oxazolone [J]. Doklady Akad. Nauk. SSSR, 1960 (134): 1367-1370.

[7] KNUNYANTS I L, CHEN Q Y, GAMBARYN N P. Some Reactions of Hexafluoroacetone [J]. Bulletin of the Academy of Sciences of the Ussr Division of Chemical Science, 1962, 11 (4): 633-640.

[8] 陈庆云. 含氟烯类的离子型反应 [J]. 化学通报, 1963 (1): 15-23.

[9] GAMBARYN N P, ROKHLIN E M, ZEIFMAN Y V, et al. Reactions of the Carbonyl Group in Fluorinated Ketones [J]. Angew. Chem. Int. Ed., 1966 (5): 947-956.

[10] 陈庆云, 蒋锡夔, 陈秉启, 等. 全氟和多氟型有机化合物的化学特性: 全氟叔丁基碘以及全氟烷基的诱导效应顺序 [J]. 化学学报, 1966 (32): 18-25.

[11] 马振中, 陈庆云, 蒋锡夔, 等. 几个全卤酸及全氟丙烯和双 [1,3-二苯基-2-咪唑烷叉] 的反应 [J]. 科学通报, 1966 (17): 299-301.

[12] 陈庆云. 全氟烷基醚磺酸盐的制备和应用 [J]. 化学学报, 1977 (35): 209-220.

[13] CHEN Q Y. Synthesis and Application of Oxa-perfluoroalkane Sulfonic Acids [J]. Scientia Sinica, 1978 (21): 773-782.

[14] 陈庆云. 五氟氯乙烷合成简法 [J]. 化学学报, 1978 (36): 77-79.

[15] 陈庆云. 全氟和多氟烷基磺酸的研究Ⅱ. 一些多氟烷基醚磺酸的合成 [J]. 化学学报, 1979 (37): 315-323.

[16] 陈庆云. 氟离子在氟有机化学中的作用 [J]. 有机化学, 1979 (3): 63-80.

[17] 梁蔚熙, 陈庆云. 三聚氰氟及其反应 [J]. 化学学报, 1980 (38): 269-273.

[18] 陈庆云, 马振中, 蒋锡夔, 等. 偏氟乙烯与全卤代烷烃的调聚反应及其产物的研究 [J]. 化学学报, 1980 (38): 175-184.

[19] 张元发, 郭彩云, 周新月, 等. 全氟和多氟烷基磺酸的研究Ⅲ. 1-氯-2-碘四氟乙烷与四氟乙烯的热调聚反应及其产物的化学转化

[J]. 化学学报, 1982（40）: 331-336.

[20] 陈庆云, 朱蓉先, 李宗珍, 等. 全氟和多氟烷基磺酸的研究Ⅳ. 3-氧杂多氟烷烃磺酸酯的合成及其硫—氧和碳—氧键的断裂[J]. 化学学报, 1982（40）: 337-352.

[21] 陈庆云, 朱仕正. 全氟和多氟烷基磺酸的研究——全氟3-氧杂烷烃磺酸酯与亲核试剂反应中的单一的硫—氧键断裂[J]. 化学学报, 1982（40）: 670-673.

[22] 郭彩云, 张元发, 陈庆云, 等. 全氟和多氟烷基磺酸的研究Ⅵ. 一些长链烷基醚磺酰氟的合成[J]. 化学学报, 1982（40）: 828-834.

[23] 陈亚雄, 纪善荣, 郭彩云, 等. 全氟和多氟烷基磺酸的研究Ⅶ. 含有双键的全氟与多氟烷基醚磺酰氟的合成[J]. 化学学报, 1982（40）: 904-912.

[24] 苏德宝, 陈庆云, 朱蓉仙, 等. 全氟和多氟烷基磺酸的研究Ⅸ. 5-卤-3-氧杂-全氟戊磺酰氟的化学转化[J]. 化学学报, 1983（41）: 946-959.

[25] 成庆云, 朱仕正. 全氟和多氟烷基磺酸的研究Ⅹ. 在亲核取代反应中全氟烷基3-氧杂全氟烷烃磺酸酯的唯一的硫—氧键断裂[J]. 化学学报, 1983（41）: 1044-1057.

[26] 成庆云, 朱仕正. 全氟和多氟烷基磺酸的研究Ⅺ. 全氟3-氧杂戊磺酸全氟苯酯的合成及其和亲核试剂的反应[J]. 化学学报, 1983（41）: 1153-1163.

[27] 郭彩云, 陈庆云. 全氟和多氟烷基磺酸的研究Ⅻ. ω-碘-3-氧杂全氟烷磺酰氟的自由基加成反应[J]. 化学学报, 1984（42）: 592-595.

[28] 陈庆云, 朱仕正. 全氟和多氟烷基磺酸的研究ⅩⅢ. 全氟烷基羧酸全氟苯酯和α-全氟苯氧羰基二氟甲烷磺酸全氟苯酯的合成及其与亲核试剂的反应[J]. 化学学报, 1984（42）: 541-548.

[29] 陈庆云, 陈亚雄, 黄维垣. 氟烷基化和氟烷氧基化的研究Ⅰ. 溶剂对碘苯氟烷基化的影响[J]. 化学学报, 1984（42）: 906-912.

[30] 陈庆云,朱仕正. 全氟和多氟烷基磺酸的研究 XIV. 由二氟甲基磺酰氟和亲核试剂生成二氟卡宾 [J]. 有机化学, 1984(6): 434-439.

[31] 陈庆云. 自由基链式亲核取代反应($S_{RN}1$)的进展 [J]. 有机化学, 1984(3): 165-174.

[32] 陈庆云,朱仕正. 全氟和多氟烷基磺酸的研究 XVI. 以二氟甲磺酸作为二氟卡宾前体合成全氟或多氟烷基磺酸二氟甲酯 [J]. 化学学报, 1985(43): 546-551.

[33] 陆于尧,郭彩云,王珊娣,等. 丙烯酸氟醇酯的合成 [J]. 化学学报, 1985(43): 970-975.

[34] 陈亚雄,陈庆云. ω-取代全氟烷基氯化物与$LiAlH_4$的还原反应 [J]. 有机化学, 1985(6): 464-470.

[35] 陈庆云,朱仕正. 全氟和多氟烷基磺酸的研究 XVII. 全氟烷磺酸二氟甲酯及其反应 [J]. 化学学报, 1985(43): 1178-1183.

[36] 陈庆云,杨震宇. 氟烷基化和氟烷氧基化的研究 2. 在铜存在下氟烷基碘与芳烃的反应 [J]. 化学学报, 1985(43): 1073-1078.

[37] 陈庆云,朱仕正. 全氟和多氟烷基磺酸的研究 XVIII. 由二氟甲磺酰氟的衍生物产生二氟卡宾的研究 [J]. 化学学报, 1986(44): 92-95.

[38] 陈庆云,杨震宇. 氟烷基化和氟烷氧基化的研究:钯(O)催化氟烷基碘对烯烃的加成反应 [J]. 化学学报, 1985(43): 1118-1120.

[39] 陈庆云,杨震宇. 氟烷基化和氟烷氧基化的研究 9. 氟烷基碘在铂(O)催化下对烯烃的加成反应 [J]. 有机化学, 1986(1): 41-43.

[40] 陈庆云,杨震宇. 氟烷基化和氟烷氧基化的研究 4. 铜引发氟烷基碘对乙烯基三甲基硅烷的加成及其立体专一性合成相应的烯烃 [J]. 化学学报, 1986(44): 265-269.

[41] 苏德宝,陈庆云,朱蓉仙. 氟烷基化和氟烷氧基化的研究 5. 苯基硫酚阴离子与5-卤-3-氧杂全氟戊基二乙基磺酰胺的反应 [J]. 有机化学, 1986(2): 112-120.

[42] 陈庆云,杨震宇. 氟烷基化和氟烷氧基化的研究 6. 铜引发氟烷基碘对含硅炔烃的加成及其产物的化学转化 [J]. 化学学报, 1986(44):

806-811.

[43] 陈庆云，陈建国. 合成芳基1-三氟甲基-2-氧杂全氟戊基酮的新法[J]. 化学学报，1986（44）：495-500.

[44] 陈庆云，杨震宇. 氟烷基化和氟烷氧基化的研究8. 钯（O）催化氟烷基碘对炔烃的加成反应[J]. 化学学报，1986（44）：1025-1029.

[45] CHEN Q Y, QIU Z M. Studies on Fluoroalkylation and Fluoroalkoxylation Part 10. Electron-transfer Induced Reactions of Perfluoroalkyl Iodides and Dialkyl Malonate Anion and β-Fragmentation of the Halotetrafluoroethyl Radical [J]. J. Fluorine Chem., 1986（31）：301-317.

[46] CHEN Q Y, YANG Z Y. Palladium-catalyzed Reaction of Phenyl Fluoroalkanesulfonates with Alkynes and Alkenes [J]. Tetrahedron Lett., 1986（27）：1171-1174.

[47] CHEN Q Y, YANG Z Y. A New Addition of Fluoroalkyl Iodides to Alkenes Catalysed by Raney Nickel [J]. J. Chem. Soc., Chem. Commun., 1986（7）：498-499.

[48] 陈庆云，朱仕正. 全氟和多氟烷基磺酸的研究XIX. 反应条件对由二氟甲磺酰氟产生二氟卡宾的影响[J]. 化学学报，1986（44）：742-745.

[49] 陈庆云，朱仕正. 全氟和多氟烷基磺酸的研究XX. 二氟甲磺酸二氟甲酯与亲核试剂的反应[J]. 化学学报，1986（44）：812-816.

[50] 石宇，王珊娣，陈庆云. 新型气相色谱固定液——聚全氟醚三嗪[J]. 有机化学，1986（4）：305-308.

[51] CHEN Q Y, HE B Y, YANG Z Y. Iron-catalyzed Addition Reaction of Fluoroalkyl Iodides to Alkenes [J]. J. Fluorine Chem., 1986（34）：255-258.

[52] CHEN Q Y, HE Y B, YANG Z Y. A New Method for Reduction of Phenyl Fluoroalkanesulphonates to Arenes Catalysed by Palladium [J]. J. Chem. Soc., Chem. Commun., 1986（18）：1452-1453.

[53] CHEN Q Y, ZHU S Z. Perfluoro- and Polyfluorosulfonic Acids(XV)— Generation of Difluorocarbene and Fluorosulfonyldifluoromethide Ion from Methyl α-fluorosulfonyldifluoroacetate [J]. Scientia Sinica B, 1987(6): 561-571.

[54] HUANG W Y, CHEN Q Y. Fluorine Chemistry in China [J]. Advances in Science of China, Chemistry, 1987(2): 31-76.

[55] CHEN Q Y, QIU Z M. Studies on Fluoroalkylation and Fluoroalkoxylation Part 16. Reactions of Fluoroalkyl Iodides with Some Nucleophiles by SRN1 Mechanism [J]. J. Fluorine Chem., 1987(35): 343-357.

[56] 陈庆云, 裘再明. 氟烷基化和氟烷氧基化的研究 13: 2-卤四氟乙基物种的 β-断裂 [J]. 化学学报, 1987(45): 354-358.

[57] 陈庆云, 杨震宇. 氟烷基磺酸苯酯合成的改进 [J]. 有机化学, 1987(2): 143-145.

[58] CHEN Q Y, QIU Z M. Donor-acceptor Complexes Formed by Perfluoroalkyl Iodides with Amines [J]. J. Fluorine Chem., 1987(35): 79.

[59] 陈庆云, 裘再明. 氟烷基化和氟烷氧基化的研究 18: 2-卤四氟碘乙烷与含氮亲核试剂的反应 [J]. 有机化学, 1987(5): 364-369.

[60] 陈庆云, 裘再明. 氟烷基化和氟烷氧基化的研究 17: 2-氟烷基吡咯的合成新法 [J]. 有机化学, 1987(1): 44-46.

[61] CHEN Q Y, QIU Q Y, YANG Z Y. Studies on Fluroalkylation and Fluoroalkylation. Part 24. Magnesium-induced Single Electron Transfer in Reactions of Fluoroalkyl Iodides with Alkenes and Alkynes [J]. J. Fluorine Chem., 1987(36): 149-161.

[62] CHEN Q Y, HE Y B. A Novel Method for Carbon-carbon Bond Formation Palladium-Catalyzed Cross-coupling Reaction of Phenyl Fluoroalkanesulfonates with Organozinc Reagents [J]. Tetrahedron Lett., 1987(28): 2387-2388.

[63] CHEN Q Y, QIU Z M. Studies on Fluoroalkylation and Fluoroalkoxylation. Regioselective Synthesis of Fluoroalkylated Imidazoles [J]. J. Chem. Soc., Chem. Commun., 1987(16): 1240-1241.

[64] CHEN Q Y, SU D B, YANG Z Y, et al. Copper-induced Telomerization of Tetrafluoroethylene with Fluoroalkyl Iodides [J]. J. Fluorine Chem., 1987(36): 483-489.

[65] CHEN Q Y, YANG Z Y, HE Y B, et al. Solvent Effects on the Reaction of 4-Chlorooctafluorobutyliodide with Copper [J]. J. Fluorine Chem., 1987(37): 171-176.

[66] 陈庆云, 何亚波, 杨震宇. 钯催化下氟烷基磺酸苯酯与三丁基烯丙基锡的交叉偶合反应 [J]. 有机化学, 1987(6): 474-476.

[67] 陈庆云, 杨震宇, 裘再明. 氟烷基化和氟烷氧基化的研究——一种锌引发烯烃氟烷基化的新方法 [J]. 科学通报, 1987(32): 593-594.

[68] 陈庆云, 裘再明. 氟烷基化和氟烷氧基化的研究21: 锌存在下全氟烷基碘与亚硝酸阴离子的反应及其机理探讨 [J]. 化学学报, 1988(46): 38-41.

[69] 陈庆云, 陈建国. 氟烷基化和氟烷氧基化的研究22: 四醋酸铅催化氟烷基碘对烯烃的加成 [J]. 化学学报, 1988(46): 301-304.

[70] 陈庆云, 裘再明. 氟烷基化和氟烷氧基化的研究23: 锌单电子转移引发全氟烷基碘与吡咯的反应 [J]. 化学学报, 1988(46): 258-263.

[71] CHEN Q Y, HE Y B, YANG Z Y. Study on Fluoroalkylation and Fluoroalkoxylation 19. Iridium(I)-catalyzed Reaction of Fluoroalkyl Iodides with Alkenes and Alkynes [J]. Acta Chim. Sinica, 1988(46): 779-783.

[72] CHEN Q Y, YANG Z Y. Studies on Fluoroalkylation and Fluoroalkoxylation. Part 26. Wilkinson's Catalyst-induced Addition Reaction of Fluoroalkyl Iodides to Olefins [J]. J. Fluorine Chem., 1988

（39）：217-226.

[73] CHEN Q Y, YANG Z Y, ZHAO C X et al. Studies on Fluoroalkylation and Fluoroalkoxylation. Part 28. Palladium（O）-induced Addition of Fluoroalkyl Iodides to Alkenes: An Electron Transfer Process [J]. J. Chem. Soc, Perkin Trans. I, 1988（3）：563-567.

[74] CHEN Q Y, QIU Z M. Fluoroalkylation and Fluoroalkoxylation. Magnesium Single-Electron-transfer Induced Synthesis of 2-Fluoroalkylpyrroles [J]. J. Fluorine Chem., 1988（39）：289-291.

[75] 陈庆云，陈建国. 氟烷基化和氟烷氧基化的研究 25. 甲酸/三乙胺引发氟烷基碘对烯烃的加成 [J]. 有机化学，1988（8）：331-333.

[76] 陈庆云，陈建国. 钯催化下全氟碳负离子的产生及其反应 [J]. 化学学报，1988（46）：252-257.

[77] 陈庆云，何亚波，杨震宇. 溶剂对氟烷基卤代烷 19F NMR 化学位移的影响 [J]. 有机化学，1988（8）：451-453.

[78] CHEN Q Y, HE Y B. One-pot Conversion of Phenols to Arenes [J]. Synthesis, 1988: 896-897.

[79] CHEN Q Y, CHEN J G. Synthesis of Alkyl Perfluoroalkyl Ketones Reactions of Allyl Perfluoroalkanoates with Acyl Chlorides in the Presence of Palladium（O）[J]. J. Fluorine Chem., 1989（42）：355-370.

[80] CHEN Q Y, WU S W. Perfluoro-and Polyfluorosulfonic Acids. 21. Synthesis of Difluoromethyl Esters Using Fluorosulfonyldifluoroacetic Acid as a Difluorocarbene Precursor [J]. J. Org. Chem., 1989（54）：3023-3027.

[81] CHEN Q Y, HE Y B. A Novel Alkyldehydroxylation of Phenols Palladium-catalyzed Reaction of Phenyl Fluoroalkanesulfonates with Organoaluminum Reagents [J]. Acta Chim. Sinica, 1989（1）：94-96.

[82] CHEN Q Y, WU S W. Methyl Fluorosulphonyldifluoroacetate: A New Trifluoromethylating Agent [J]. J. Chem. Soc., Chem. Commun.,

1989（11）：705-706.

[83] CHEN Q Y, WU S W. A Simple Convenient Method for Preparation of Difluoromethyl Ethers Using Fluorosulfonyldifluoroacetic Acid as a Difluorocarbene Precursor [J]. J. Fluorine Chem., 1989（44）：433-440.

[84] CHEN Q Y, WU S W. Studies on Fluoroalkylation and Fluoroalkoxylation. Part 33. Direct Trifluoromethylation of Aryl Halides with Fluorosulphonyldifluoromethyl Iodide in the Presence of Copper: An Electron Transfer Induced Process [J]. J. Chem. Soc., Perkin Trans., 1989（1）：2385-2387.

[85] CHEN J G, CHEN Q Y. Palladium-catalyzed Allylation of Active Methylene Compounds with Allyl Perfluoroalkanoates under Neutral Conditions [J]. Acta Chim. Sinica Engl. Ed., 1989：558-560.

[86] CHEN Q Y, WU S W. An Improved Method for Synthesizing Difluoromethanesulfonic Acid [J]. J. Fluorine Chem., 1990（47）：509-514.

[87] CHEN Q Y, HE Y B. Palladium-catalyzed Cross-coupling Reaction of Phenyl Fluoroalkanesulfonates with Organometallics [J]. Chin. J. Chem., 1990（5）：451-468.

[88] 陈庆云，陈明芳，朱蓉仙. 氟烷基化和氟烷氧基化的研究 31. cd 型阴离子存在下烯烃的氟烷基化反应 [J]. 化学学报，1990（48）：162-167.

[89] 陈庆云，陈建国. ω-氟砜基氟烷基格氏试剂的制备及其反应 [J]. 有机化学，1990（10）：179-183.

[90] CHEN M J, CHI C S, CHEN Q Y. Reactions of Ammonium Sulfide and 4-Chloro-3,5-dinitrobenzotrifluoride and Its Derivatives. Synthesis of 1,6-Dinitro-3,8-bis（trifluoromethyl）-phenothiazine，2,2-Dimethyl-5-trifluoromethyl-7-nitrobenzothiazoline and Related Compounds [J]. Phosphorus, Sulfur and Silicon, 1990（48）：173-180.

[91] 陈庆云，吴建平. 三甲基硅氧基钠参与下的氟烷基碘与烯烃反应 [J]. 有机化学, 1990 (10): 274-277.

[92] 苏德宝，朱蓉仙，裘再明，等. 氟烷基化和氟烷氧基化的研究 32. 铜存在下氟砜基二氟碘甲烷与烯烃的反应———一个电子转移引发同时存在自由基和卡宾的过程 [J]. 化学学报, 1990 (48): 596-601.

[93] CHEN Q Y, CHEN M F. Reduction of ω-Chloroperfluoroalkyl Iodides with lithium Aluminium Hydride. A Single Electron Transfer Process [J]. J. Fluorine Chem., 1990 (49): 107-114.

[94] CHEN M J, CHI C S, CHEN Q Y. Reactions of Amines or Amides with Phthaloyl Chloride. Synthesis of Fluorine-containing N,N-Dimethyl-N'-substituted Amidines and Related Compounds [J]. J. Fluorine Chem., 1990 (49): 99-106.

[95] CHEN Q Y, WU J P. Fluoroalkylative Amination of Aldehydes with Fluoroalkyltris (diethylamido) titanium [J]. J. Chem. Research (s), 1990 (8): 268.

[96] CHEN M J, CHI C S, CHEN Q Y. Studies of Fluorine Containing Heterocyclic Compounds. 4. Reactions of 3-Nitro-4-chlorobenzotrifluoride and 3,5-Dinitro-4-chlorobenzotrifluoride with Five-membered Heterocycles [J]. Phosphorous, Sulfur and Silicon, 1990 (54): 87-93.

[97] ZHU S Z, CHEN Q Y. Phenyliodonium Bis (perfluoroalkane sulphonyl) Methide; Synthesis and Reactions as A Precursor of Bis (perfluoroalkanesulphonyl) Carbene [J]. J. Chem. Soc., Chem. Commun., 1990 (20): 1459-1460.

[98] HUANG W Y, CHEN Q Y. Perfluoroalkanesulfonic Acids and Their Derivatives, in The Chemistry of Sulphonic Acids, Esters and Their Derivatives (Eds.: Patai S, Rappoport Z) [M]. New York: John Wiley & Sons, 1991.

[99] CHEN Q Y, CHEN M J. Perfluoroalkylation of 2-Mercapto-

benzothiazole and It's Analogues with Perfluoroalkyl Iodides by SRN1 Reaction [J]. J. Fluorine Chem., 1991 (51): 21-32.

[100] CHEN Q Y, WU J P. A New Method for the Preparation of Hydroperfluoroalkane from Perfluoroalkyl Chloride [J]. Chin. J. Chem., 1991 (9): 181-183.

[101] CHEN Q Y, CHEN M F. A Simple and Effective Method for Fluoroalkylation — the Addition of Fluoroalkyl Iodide to Olefins in the Presence of Hydrogen Peroxide [J]. Chin. J. Chem., 1991 (9): 184-188.

[102] 陈庆云，吴建平. 氟烷基三甲基硅化合物的合成和反应研究 [J]. 有机化学，1991 (11), 287-293.

[103] ZHU S Z, CHEN Q Y. Condensation Reaction of N-Sulphinylperfluoroalkanesulphonamides [J]. J. Chem. Soc., Chem. Commun., 1991 (10): 732-733.

[104] CHEN Q Y, CHEN M F. Perfluoro-and Polyfluoro-sulphonic Acids. Part 22.1 Polyfluorophenyl Pentafluorobenzenesulphonates and Their Electron Transfer Reaction with Sodium Iodide [J]. J. Chem. Soc., Perkin Trans., 1991 (2): 1071-1075.

[105] CHEN Q Y, CHEN M F. Pentafluorobenzenesulfonyl Bromide and Its Reactions [J]. Chin. Chem. Lett., 1991 (2): 597-600.

[106] SU D B, DUAN J X, CHEN Q Y. Methyl Chlorodifluoroacetate A Convenient Trifluoromethylating Agent [J]. Tetrahedron Lett., 1991 (32): 7689-7690.

[107] CHEN Q Y, YANG G Y, WU S W. Copper Electron-transfer Induced Trifluoromethylation with Methyl Fluorosulphonyldifluoroacetate [J]. J. Fluorine Chem., 1991 (55): 291-298.

[108] CHEN Q Y, CHEN M J. Studies on Fluorine Containing Heterocyclic Compounds. 5. A Facile Synthesis of 2-Substituent-5-trifluoromethyl-7-nitrobenzothiazoles [J]. Phosphorous, Sulfur and Silicon, 1992

(68): 205-210.

[109] CHEN Q Y, LI Z T. Photoinduced Electron-transfer Perfluoroalkylation of Aminopyridines with Perfluoroalkyl Iodides [J]. J. Chem. Soc., Perkin Trans., 1992 (11): 1443-1445.

[110] SU D B, DUAN J X, CHEN Q Y. A Simple, Novel Method for the Preparation of Trifluoromethyl Iodide and D II ododifluoromethane [J]. J. Chem. Soc., Chem. Commun., 1992 (11): 807-808.

[111] CHEN Q Y, YANG G Y, WU S W. Some Reactions of Fluorosulfonyldifluoroacetic Acid with N-Heterocyclic Compounds [J].Chin. J. Chem., 1992 (10): 350-354.

[112] ZHU S Z, CHEN Q Y, ZHU Y H, et al. Phenyl Iodonium Bis (perfluoroalkanesulphonyl) methide-dimethyl Sulphoxide Complex-Its Formation and X-ray Structure Analysis [J]. Chin. J. Chem., 1992 (10): 458-463.

[113] CHEN Q Y, LI Z T. Palladium-catalyzed Alkynyl-dehydroxylation of Polyfluorophenols [J]. J. Chem. Soc., Perkin Trans. I, 1992 (21): 2931-2934.

[114] DUAN J X, SU D B, CHEN Q Y. Trifluoromethylation of Organic Halides with Methyl Halodifluoroacetates-a Process via Difluorocarbene and Trifluoromethide Intermediates [J]. J. Fluorine Chem., 1993 (61): 279-284.

[115] CHEN Q Y, LI Z T. Photoinduced Electron-transfer Reaction of Difluorod II odomethane with Aza-aromatic Compounds and Enamines [J]. Perkin Trans., 1993 (6): 645-648.

[116] LI H D, DUAN J X, SU D B, et al. Study on Potassium Bromodifluoroacetate Convenient Approaches to the Syntheses of Trifluoromethylated Compounds [J]. Chin. J. Chem., 1993 (11): 366-369.

[117] CHEN Q Y, DUAN J X. Direct Trifluoromethylthiolation of Aryl Halides Using Methyl Fluorosulfonyldifluoroacetate and Sulfur [J]. J.

Chem. Soc., Chem. Commun., 1993 (11): 918−919.

[118] CHEN Q Y, LI Z T. Pentafluorophenylation of Aromatics with Pentafluorophenyl Perfluoro-and Polyfluoroalkanesulfonates. A Photoinduced Electron-transfer Cation Diradical Coupling Process [J]. J. Org. Chem., 1993 (58): 2599−2604.

[119] LI A R, SU D B, CHEN Q Y. A Convenient Trifluoroacetylation of Amines with Trifluoroacetic Acid and Titanium Tetrachloride[J]. Chin. J. Chem., 1993 (11): 190−192.

[120] CHEN Q Y, LI Z T. Photoinduced Electron Transfer Reactions of Pentafluoroiodobenzene with Aromatic Compounds [J]. J. Chem. Soc., Perkin Trans., 1993 (14): 1705−1710.

[121] CHEN Q Y, DUAN J X. A Novel Trifluoromethylation Method of Saturated Organic Halides [J]. Tetrahedron Lett., 1993 (34): 4241−4244.

[122] CHEN Q Y, DUAN J X. Methyl 3-Oxo-ω-fluorosulfonylperfluoropentanoate: A Versatile Trifluoromethylating Agent for Organic Halides [J]. J. Chem. Soc., Chem. Commun., 1993 (18): 1389−1391.

[123] CHEN Q Y, LI Z T, ZHOU C M. Complexation and Photoinduced Electron-transfer Reaction Between Perfluoroalkyl Iodides and N,N'-Tetramethylphenylene-1,4-diamine, Anilines and Piperazines [J]. J. Chem. Soc., Perkin Trans., 1993 (20): 2457−2462.

[124] SU D B, DUAN J X, YU A J, et al. Synthesis of Functionalized Long-chain Perfluoroalkanes from Methyl Halodifluoroacetates: A Process of Difluorocarbene Insertion into Copper-carbon Bonds [J]. J. Fluorine Chem., 1993 (65): 11−14.

[125] DUAN J X, SU D B, WU J P, et al. Synthesis of Trifluoromethyl Aryl Derivatives via Difluorocarbene Precursors and Nitro-substituted Aryl Chlorides [J]. J. Fluorine Chem., 1994 (66): 167−169.

[126] DUAN J X, CHEN Q Y. Novel Synthesis of 2,2,2-Trifluoroethyl

Compounds from Homoallylic Alcohols: A Copper (I) Iodide-initiated Trifluoromethyl-Dehydroxylation Process [J]. J. Chem. Soc., Perkin Trans., 1994 (6): 725-730.

[127] CAO P, DUAN J X, CHEN Q Y. Difluoroiodomethane: Practical Synthesis and Reaction with Alkenes [J]. J. Chem. Soc., Chem. Commun., 1994 (6): 737-738.

[128] DUAN J X, CHEN Q Y. Copper Induced Single Electron Transfer Trifluoromethylation of Organic Halides with 3-Oxo-ω-fluorosulfonylperfluoropentyl Iodide [J]. Chin. J. Chem., 1994 (12): 464-467.

[129] CHEN Q Y. Trifluoromethylation of Organic Halides with Difluorocarbene Precursors [J]. J. Fluorine Chem., 1995 (72): 241-246.

[130] LONG Z Y, DUAN J X, LIN Y B, et al. Potassium 3-Oxa-ω-fluorosulfonylperfluoropentanoate ($FO_2SCF_2CF_2OCF_2CO_2K$), a Low-temperature Trifluoromethylating Agent for Organic Halides; Its α-Carbon-oxygen Bond Fragmentation [J]. J. Fluorine Chem., 1996 (78): 177-181.

[131] ZHI C X, CHEN Q Y. Novel and Practical Preparation of α-Fluoro-functionalized Esters from Fluoroiodoacetates [J]. J. Chem. Soc., Perkin Trans., 1996 (14): 1741-1747.

[132] LI A R, CHEN Q Y. Diethyl Iododifluoromethylphosphonate: A New Synthetic Method and Its Reaction with Alkynes [J]. Synthesis, 1996 (5): 606-608.

[133] LI A R, CHEN Q Y. Palladium-induced Electron-transfer Reaction of Difluorod II odomethane with Alkenes [J]. Chin. J. Chem., 1996 (14): 549-554.

[134] CAO P, LONG Z Y, CHEN Q Y. Photoinduced Electron-transfer Reaction of Pentafluoroiodobenzene with Alkenes [J]. Molecules,

1997 (2): 11-16.

[135] LI A R, CHEN Q Y. A Novel Hydrogen Peroxide-initiated Reaction of Difluorod Ⅱ odomethane with Alkynes [J]. Chin. J. Chem., 1997 (15): 154-159.

[136] LI A R, CHEN Q Y. The Addition Reaction of Iododifluoromethylated Compounds with Alkenes and Alkynes: A General Method of Synthesizing Functionalized gem-Difluoroalkanes [J]. Synthesis, 1997 (3): 333-336.

[137] LI A R, CHEN Q Y. Iron and Zinc-induced Electron-transfer Reaction of Difluorod Ⅱ odomethane with Alkenes [J]. J. Fluorine Chem., 1997 (81): 99-101.

[138] LI A R, CHEN Q Y. One-pot Synthesis of Dialkyldifluoromethane and Alkyldifluoromethyl Iodides from the Reaction of Difluorod Ⅱ odomethane with Alkenes in Sulphinatodehalogenation Systems [J]. J. Fluorine Chem., 1997 (82): 151-155.

[139] CHEN Q Y. Perfluoroalkyl Sulfur Compounds: An Unusual Reactivity Pattern of Perfluoroalkanesulfonic Esters [J]. Phosphorus, Sulfur, and Silicon, 1997 (120&121): 21-39.

[140] LI A R, CHEN Q Y. Lead Tetraacetate Induced Addition Reaction of Difluorod Ⅱ odomethane to Alkenes and Alkynes. Synthesis of Fluorinated Telechelic Compounds [J]. Synthesis, 1997 (12): 1481-1488.

[141] FEI X S, TIAN W S, CHEN Q Y. Synthesis of 4-Trifluoro-methylsteroids: A Novel Class of Steroid 5α-Reductase Inhibitors [J]. Bioorg. & Med. Chem. Lett., 1997 (7): 3113-3118.

[142] FEI X S, TIAN W S, CHEN Q Y. New, Convenient Route for Trifluoromethylation of Steroidal Molecules [J]. J. Chem. Soc., Perkin Trans. I, 1998 (6): 1139-1142.

[143] GUO X C, CHEN Q Y. Oxidant-induced Addition Reaction of

Perfluoroalkyl Halides to Alkenes and Alkynes [J]. J. Fluorine Chem., 1998 (88): 63-70.

[144] LONG Z Y, CHEN Q Y. SRN1 Reactions of 2,2,2-Trifluoroethyl Halides with Thiolate Ions [J]. J. Fluorine Chem., 1998 (91): 95-98.

[145] LONG Z Y, CHEN Q Y. The First Example of Sulfinatodehalogenation of 2,2,2-Trifluoroethyl Halides: A Novel Method for Trifluoroethylation of Alkenes and Alkynes [J]. Tetrahedron Lett., 1998 (39): 8487-8490.

[146] DUQN J X, DOLBIER W R. A New and Improved Synthesis of Trans-1,2-d Ⅱ odoalkenes and Their Stereospecific and Highly Regioselective Trifluoromethylation [J]. J. Org. Chem., 1998 (63): 9486-9489.

[147] GUO X C, CHEN Q Y. The First Example of Addition Reactions of Sterically Hindered Terminal Olefins, α-Substituted Styrenes, with Perfluoroalkyl Iodides Initiated by Sodium Dithionite [J]. J. Fluorine Chem., 1999 (93): 81-86.

[148] LONG Z Y, CHEN Q Y. The Activation of Carbon-chlorine Bonds in Per- and Polyfluoroalkyl Chlorides: DMSO-induced Hydroperfluoroalkylation of Alkenes and Alkynes with Sodium Dithionite [J]. J. Org. Chem., 1999 (64): 4775-4782.

[149] GUO X C, CHEN Q Y. Photo-induced Intramolecular Arene-olefin Meta-cycloaddition of 5-Phenyl-fluorinated-pent-1-enes [J]. J. Fluorine Chem., 1999 (97): 149-156.

[150] CHEN Q Y. Single Electron Transfer Reactions of Perfluoroalkyl Iodides [J]. Israel J. Chem., 1999 (39): 179-192.

[151] TIAN F, KRUGER V, BAUTISTA O, et al. A Novel and Highly Efficient Synthesis of gem-difluorocyclopropanes [J]. Org. Lett., 2000 (2): 563-564.

[152] GUO Y, CHEN Q Y. The Reactions of Difluorod II odomethane with Nucleophiles [J]. J. Fluorine Chem., 2000 (102): 105-109.

[153] 龙正宇,陈庆云. 全氟或多氟烷基氯代烷在保险粉引发下与芳香烃的反应[J]. 化学学报, 2000 (58): 713-716.

[154] 黄小庭,陈庆云. β-氟烷基烯基碘与硫酚负离子的反应[J]. 化学学报, 2000 (58): 1296-1300.

[155] ZHAO Y, LI W, ZHAO C X, et al. Reactivity and Reaction Pathways of Alkylalkoxybenzene Radicals Cations. Part 3. Effects of 2-Alkyl Substituents on the Relative Importance of Ring-substitution over Deprotonation of 2-Alkyl-1,4-Dimethoxybenzene Radical Cations[J]. Res. Chem. Intermed., 2000 (26): 691-704.

[156] GOU Y, CHEN Q Y. Iododifluoromethyl Alkenes [ICF2CH=CHR]: A Labile System Generated from 1,1-Diflouro-1,3-d II odoalkanes and Its Trapping with Nucleophiles [J]. J. Fluorine Chem., 2001 (107): 89-96.

[157] HUANG X T, CHEN Q Y. Nickel (O)-catalyzed Fluoroalkylation of Alkenes, Alkynes, and Aromatics with Perfluoroalkyl Chlorides[J]. J. Org. Chem., 2001 (66): 4651-4656.

[158] ZHAO Y, LI W, CHEN Q Y et al. How Radical Cations React? — Distonic Radical Cation Mediated α (nucleophilic), β (radical)-Dibenzoloxylation of Donor ArCH=CHR [J]. Res. Chem. Intermed., 2001 (27): 287-296.

[159] HUANG X T, LONG Z Y, CHEN Q Y. Fluoroalkylation of Aromatic Compounds with Per (poly) Fluoroalkyl Chlorides Initiated by Sodium Dithionite in DMSO [J]. J. Fluorine Chem., 2001 (111): 107-113.

[160] 郭勇,陈庆云. 二氟二碘甲烷与乙烯基乙醚的反应及其产物的化学转化[J]. 化学学报, 2001 (59): 1722-1729.

[161] 郭勇,陈庆云. 1,3-二碘六氟丙烷的电子转移反应[J]. 化学学报,

2001 (59): 1730-1734.

[162] WU K, CHEN Q Y. Reaction of HCFC-133a (CF3CH2Cl) or HFC-134a (CF3CH2F) with Alcohols and Phenols in DMSO in the Presence of KOH [J]. Chin. J. Chem., 2001 (19): 1273-1279.

[163] 陈庆云. 抑铬雾剂 F-53 的研制带动了有机氟化学的发展 [J]. 有机化学, 2001 (21): 805-809.

[164] WU K, CHEN Q Y. Synthesis of Trifluoroethyl Ethers from 2,2,2-Trifluoroethyl Chloride (HCFC-133a) in High Temperature Aqueous Medium [J]. J. Fluorine Chem., 2002 (113): 79-83.

[165] HUANG X T, CHEN Q Y. Ethyl α-fluoro Silyl Enol Ether: Stereoselective Synthesis and Its Aldol Reaction with Aldehydes and Ketones [J]. J. Org. Chem., 2002 (67): 3231-3234.

[166] WU K, CHEN Q Y. Solvolytically DMSO-promoted Reactions of 1,1,1-trifluoroethyl Chloride (HCFC-133a) or Fluoride (HFC-134a) with Nucleophiles [J]. Tetrahedron, 2002 (58): 4077-4084.

[167] XIAO J C, DUAN J X, LI A R, et al. A Simple Method for Preparing Difluorod Ⅱ odomethane from Difluoro (fluorosulfonyl) acetyl Fluoride [J]. Collect. Czech. Chem. Comm., 2002 (67): 1320-1324.

[168] XU W, CHEN Q Y. 3,3-Difluoro-1-iodocyclopropenes: A Simple Synthesis and Their Reactions [J]. J. Org. Chem., 2002 (67): 9421-9427.

[169] WU K, CHEN Q Y. Synthesis of Fluorinated Indolizines and 4H-Pyrrolo [1,2-α] benzimidazoles via 1,3-Dipolar Cycloaddition of Fluoroalkenes to N-ylides [J]. Synthesis, 2003 (1): 35-40.

[170] JIN M J, ZENG Z, GUO C C, et al. Fluoroalkylation of Porphyrins: Synthesis and Reactions of β-Fluoroalkyltetraarylporphyrins [J]. J. Org. Chem., 2003 (68): 3912-3917.

[171] XU W, CHEN Q Y. A Novel Approach of Cycloaddition of Difluorocarbene to α, β-Unsaturated Aldehydes and Ketones: Synthesis

of gem-Difluorocyclopropyl Ketones and 2-Fluorofurans [J]. Org. Biomol. Chem., 2003 (1): 1151-1156.

[172] WU K, CHEN Q Y. A Facile Synthetic Method for 2-Fluoroindolizines from 1-Chloro-2,2,2,-trifluoroethane (HCFC-133a) and 1,1,1,2-Tetrafluoroethane (HFC-134a) [J]. J. Fluorine Chem., 2003 (122): 171-174.

[173] DOLBIER W R, TIAN F, DUAN J X, et al. Preparation and Use of a New Difluorocarbene Reagent. Trimethylsilyl 2-Fluorosulfonyl-2,2-difluoroacetate: N-butyl 2,2-Difluorocyclopropane- carboxylate (cyclopropanecarboxylic Acid, 2,2-Difluoro-, Butyl Ester and Acetic Acid, Difluoro (fluorosulfonyl) -, Trimethylsilyl Ester) [J]. Org. Synth., 2003 (80): 172-176.

[174] XIAO J C, CHEN Q Y. The Chemistry of Tetrafluoroallene: One-pot Synthesis of Trifluoromethylindolizines from 1,3-D II odo-1,1,3,3-tetrafluoropropane by 1,3-Dipolar Cycloaddition [J]. Chin. J. Chem., 2003 (21): 898-903.

[175] XIAO J C, CHEN Q Y. The Chemistry of Tetrafluoroallene: Nucleophilic Addition Reactions with Phenols and Amines [J]. J. Fluorine Chem., 2003 (123): 189-195.

[176] XIAO J C, CHEN Q Y. Reaction of Imidazole Anions with Difluorod II odomethane and Their Products Conversion in Sulfinatodehalogenation System [J]. Chin. J. Chem., 2003 (21): 1349-1355.

[177] WU K, CHEN Q Y. Factors Influencing Sulfinatodehalogenation Reactions of Perhalocarbons [J]. Chin. J. Chem., 2004 (22): 371-376.

[178] DOLBIER W R, TIAN F. Trimethylsilyl Fluorosulfonyldifluoroacetate (TFDA): A New, Highly Efficient Difluorocarbene Reagent [J]. J. Fluorine Chem., 2004 (125): 459-469.

[179] ZHOU D Y, CHEN Q Y. CuCl/Zn-promoted Mukaiyama Aldol Reaction of Phenyl α-Fluoro Silyl Enol Ether with Aldehydes [J]. Chin. J. Chem., 2004 (22): 953-957.

[180] WU M Y, DENG J, FANG X, et al. Regioselective Synthesis of Fluoroalklated [1,2,3]-Triazoles by Huisgen Cycloaddition [J]. J. Fluorine Chem., 2004 (125): 1415-1423.

[181] 曾卓, 金利美, 郭灿城, 等. meso, β- 和 β, β-全氟醚基磺酸酯桥连双卟啉的合成 [J]. 化学学报, 2004 (62): 288-294.

[182] CHENG Z L, CHEN Q Y. Difluorocarbene Chemistry: Synthesis of gem-Difluorocyclopropenylalkynes and 3,3,3',3'-Tetrafluorobicyclopropyl-1,1'-dienes [J]. J. Fluorine Chem., 2005 (126): 93-97.

[183] ZENG Z, LIU C, JIN L M, et al. Unexpected Intramolecular Cyclization of 2- (perfluoroalkyl) tetraarylporphyrin Radicals: Approaches for the Intramolecular Cyclization of 2- (perfluoroalkyl) tetraarylporphyrin Radicals [J]. Eur. J. Org. Chem., 2005 (2): 306-316.

[184] CHEN L, JIN L M, GUO C C, et al. Fluoroalkylation of Porphyrins: Generation of 2- and 20-Perfluoroalkyl- 5,10,15-triarylporphyrin Radicals and Their Intramolecular Cyclizations [J]. Synlett, 2005 (6): 963-970.

[185] LIU C, CHEN Q Y. General and Efficient Synthesis of meso- and β-Perfluoroalkylated Porphyrins via Pd-Catalyzed Cross-coupling Reaction [J]. Synlett, 2005 (8): 1306-1310.

[186] WU Y M, DENG J, LI Y, et al. Regiospecific Synthesis of 1,4,5-Trisubstituted-1,2,3-triazole via One-pot Reaction Promoted by Copper (I) Salt [J]. Synthesis, 2005 (8): 1314-1318.

[187] JIN L M, CHEN L, GUO C C, et al. Copper-induced Fluoroalkylation of Porphyrins: Solventdependent Synthesis of Fluoroalkyl Chlorins and Porphyrins from Fluoroalkyl Iodides [J]. J. Porphyrins

and Phthalocyanines, 2005 (9): 109-120.

[188] YIN J J, LI Y G, LI B, et al. Facile and Potent Synthesis of Carbon Bridged Fullerene Dimers (HC60-CR2-C60H type) [J]. Chem. Comm., 2005 (24): 3041-3043.

[189] 郭丽, 虞忠衡, 朱仕正, 等. 全氟烷基磺酸酯 C—O 键断裂的同面 SN2 反应 [J]. 化学学报, 2005 (63): 897-902.

[190] LIU C, CHEN Q Y. Fluoroalkylation of Porphyrins: A Facile Synthesis of Trifluoromethylated Porphyrins by a Palladium-catalyzed Cross-coupling Reaction [J]. Eur. J. Org. Chem., 2005 (17): 3680-3686.

[191] JIN L M, CHEN L, YIN J J, et al. A Facile and Potent Synthesis of meso,meso-Linked Porphyrin Arrays Using Iodine (III) Reagents [J]. Eur. J. Org. Chem., 2005 (18): 3994-4001.

[192] DENG J, WU Y M CHEN Q Y, et al. Cross-coupling Reaction of Iodo-1,2,3-triazoles Catalyzed by Palladium [J]. Synthesis, 2005 (16): 2730-2738.

[193] GUO L, Yu Z H, ZHU S Z, et al. DFT Study on the Reaction Mechanisms of Polyfluorosulfonate Ester with F- [J]. J. Mol. Struc.-THEOCHEM, 2005 (730): 143-150.

[194] JIN L M, CHEN L, YIN J J, et al. Fluoroalkylation of Porphyrins: Preparation and Characterization of meso- and β-Fluoroalkyl-5,15-diarylporphyrins [J]. J. Fluorine Chem., 2005 (126): 1321-1326.

[195] SHEN D M, LIU C, CHEN Q Y, et al. A Novel and Facile Zn-mediated Intramolecular Five-membered Cyclization of β-Tetraarylporphyrin Radicals from β-Bromotetraarylporphyrins [J]. Chem. Commun., 2005 (39): 4982-4984.

[196] JIN L M, YIN J J, CHEN L, et al. Metal-dependent Halogenation and/or Coupling Reactions of Porphyrins with PhIX2 (X=Cl, F) [J]. Synlett, 2005 (19): 2893-2898.

[197] JIN L M, CHEN L, YIN J J, et al. Rational Synthesis of meso- or

β-Fluoroalkylporphyrin Derivatives via Halo-fluoroalkylporphyrin Precursors: Electronic and Steric Effects on Regioselective Electrophilic Substitution in 5-Fluoroalkyl-10,20-diarylporphyrins [J]. J. Org. Chem., 2006 (71): 527-536.

[198] WU Y M, DENG J, CHEN Q Y, et al. Studies on New Strategies for the Synthesis of Oligomeric 1,2,3-triazoles [J]. Synlett, 2006 (4): 645-647.

[199] ZHOU D Y, DOU H Y, ZHAO C X, et al. A Novel Example of Vinylic SRN1: Reactions of 3,3-Difluoro-1-iodo-2-Phenylcyclopropene with Thiolate Ions [J]. J. Fluorine Chem., 2006 (127): 740-745.

[200] CHENG Z L, CHEN Q Y. Difluorocarbene Chemistry: Synthesis of gem-Difluorocyclopropenyl Ketones and gem-Difluorinated Dihydrofurans [J]. Synlett, 2006 (3): 478-480.

[201] YIN J J, JIN L M, LIU R L, et al. Reactions of Fullerenes with Reactive Methylene Organophosphorus Reagents: Efficient Synthesis of Organophosphorus Group Substituted C60 and C70 Derivatives [J]. J. Org. Chem., 2006 (71): 2267-2271.

[202] LIU C, SHEN D M, CHEN Q Y. Unexpected Bromination Ring-opening of Tetraarylporphyrins [J]. Chem. Commun., 2006 (7): 770-772.

[203] CHENG Z L, CHEN Q Y. Chemistry of Difluorocarbene Adducts: Stereospecific Synthesis of Conjugated Fluoroolefins and 1,3-Azabutadienes from gem-Difluorocyclopropenyl ketones [J]. J. Fluorine Chem., 2006 (127): 894-900.

[204] JIN L M, YIN J J, CHEN L, et al. Unusual Fluoroalkenylation of Porphyrins: A Highly Stereoselective Synthesis of 10,20-Diaryl-5-[(E)-fluoroalkenyl]-15-(fluoroalkyl) porphyrins [J]. Eur. J. Org. Chem., 2006 (15): 3405-3411.

[205] JIN L M, YIN J J, CHEN L, et al. Self-assembly and Liquid-crystalline Properties of 5- Fluoroalkylporphyrins [J]. Chem. Eur. J., 2006 (12): 7935-7941.

[206] LIU C, SHEN D M, CHEN Q Y. Fluorous Biphasic Catalytic Oxidation of Alkenes and Aldehydes with Air and 2-Methylpropanal in the Presence of (β-Perfluoroalkylated Tetraphenylporphyrin) cobalt Complexes [J]. Eur. J. Org. Chem., 2006 (12): 2703-2706.

[207] CHENG Z L, CHEN Q Y. Difluorocarbene Chemistry: A Simple Transformation of 3,3-gem-Difluorocyclopropenes to Cyclopropenones [J]. Chin. J. Chem., 2006 (4): 1219-1224.

[208] CAO H P, XIAO J C, CHEN Q Y. Fluoroalkylation of Aromatics: An Intramolecular Radical Cyclization of 4-Chloro-1,1,2,2,3,3,4,4-octafluorobutylbenzenes [J]. J. Fluorine Chem., 2006 (127): 1079-1086.

[209] CHENG Z L, XIAO J C, LIU C, et al. Chemistry of Difluorocarbene: Synthesis and Conversion of Difluoro (methylene) cyclopropanes [J]. Eur. J. Org. Chem., 2006 (24): 5581-5587.

[210] LIU C, SHEN D M, ZENG Z, et al. C—F Bond Activation by Modified Sulfinatodehalogenation: Facile Synthesis and Properties of Novel Tetrafluorobenzoporphyrins by Direct Intramolecular Cyclization and Reductive Defluorinative Aromatization of Readily Available β-Perfluoroalkylated Porphyrins [J]. J. Org. Chem., 2006 (71): 9772-9783.

[211] LIU C, SHEN D M, CHEN Q Y. A General and Efficient Palladium-catalyzed Intramolecular Cyclization Reaction of β-Brominated Porphyrins [J]. J. Org. Chem., 2006 (71): 6508-6511.

[212] CHEN Q Y. Bis(trifluoromethyl)cadmium, in e-EROS(Encyclopedia of Reagents for Organic Synthesis) (Ed.: Paquette L A) [M]. New York: John Wiley & Sons, Ltd., 2006.

[213] CHEN Q Y. Bromotrifluoroethylene, in e-EROS (Encyclopedia of Reagents for Organic Synthesis) (Ed.: Paquette L A) [M]. New York: John Wiley & Sons, Ltd., 2006.

[214] CHEN Q Y. 1-Chloro-2,2,2-trifluoroethane (HCFC-133a), in e-EROS (Encyclopedia of Reagents for Organic Synthesis) (Ed.: Paquette L A) [M]. New York: John Wiley & Sons, Ltd., 2006.

[215] CHEN Q Y. 1,1,1,2-Tetrafluoroethane, in e-EROS (Encyclopedia of Reagents for Organic Synthesis) (Ed.: Paquette L A) [M]. New York: John Wiley & Sons, Ltd., 2006.

[216] CHEN Q Y. (Encyclopedia of Reagents for Organic Synthesis) (Ed.: Paquette L A) [M]. New York: John Wiley & Sons, Ltd., 2006.

[217] CHEN Q Y. Tris (trifluoromethyl) difluorophosphine, in e-EROS (Encyclopedia of Reagents for Organic Synthesis) (Ed.: Paquette L A) [M]. New York: John Wiley & Sons, Ltd., 2006.

[218] SHEN D M, LIU C, CHEN Q Y. Synthesis and Versatile Reactions of β-Azidotetraarylporphyrins [J]. Eur. J. Org. Chem., 2007 (9): 1419-1422.

[219] LIU C, SHEN D M, CHEN Q Y. Practical and Efficient Synthesis of Various meso-Functionalized Porphyrins via Simple Ligand-free Nickel-catalyzed C-O, C-N, and C-C cross-coupling reactions [J]. J. Org. Chem., 2007 (72): 2732-2736.

[220] LIU C, SHEN D M, CHEN Q Y. Synthesis and Reactions of 20 π-Electron β-Tetrakis(trifluoromethyl)-meso-tetraphenylporphyrins [J]. J. Am. Chem. Soc., 2007 (129): 5814-5815.

[221] CHEN L, JIN L M, XIAO J C, et al. Fluoroalkylation of Porphyrins: Synthesis of Porphyrins Bearing Double meso, β-Fused Fluoroalkyl Rings via Radical Cyclization [J]. Synlett, 2007 (13): 2096-2100.

[222] CAO H P, CHEN Q Y. Practical and Efficient Synthesis of Perfluoroalkyl Iodides from Perfluoroalkyl Chlorides via Modified

Sulfinatodehalogenation [J]. J. Fluorine Chem., 2007 (128): 1187–1190.

[223] ZHANG C P, CHEN Q Y, XIAO J C. Reactions of HMPA with Hexafluorobenzene, Pentafluorochlorobenzene and Pentafluorophenol [J]. J. Fluorine Chem., 2008 (129): 424–428.

[224] HUANG X C, CHEN Q Y, XIAO J C. 1,3-Dipolar Cycloaddition of Difluoro (methylene) cyclopropanes with Nitrones: Efficient Synthesis of 3,3-Difluorinated Tetrahydropyridinols [J]. Synlett, 2008 (13): 1989–1992.

[225] ZHU Z Q, XIANG S J, CHEN Q Y, et al. Novel Low-melting Salts with Donor-acceptor Substituents as Targets for Second-order Nonlinear Optical Applications [J]. Chem. Commun., 2008 (40): 5016–5018.

[226] JIANG H W, CHEN Q Y, XIAO J C, et al. Synthesis and Reactions of the First Fluoroalkylated Ni (II) N-Confused Porphyrins [J]. Chem. Commun., 2008 (42): 5435–5437.

[227] HUANG X C, CHEN Q Y, XIAO J C. Ring-opening Reactions of Difluoro (methylene) cyclopropanes with Halogens and Amines [J]. J. Org. Chem., 2008 (73): 8598–8600.

[228] HANG X C, CHEN Q Y, XIAO J C. Highly Regio- and Stereoselective Diels-Alder Cycloaddition of Difluoro (methylene) cyclopropanes [J]. Eur. J. Org. Chem., 2008 (6): 1101–1106.

[229] SHEN D M, LIU C, CHEN X G, et al. Facile and Efficient Hypervalent Iodine (III) -Mediated meso-Functionalization of Porphyrins [J]. J. Org. Chem., 2009 (74): 206–211.

[230] JIANG H W, CHEN Q Y, XIAO J C, et al. The oxidation of Ni (II) N-confused Porphyrins (NCPs) with Azo Radical Initiators and an Unexpected Intramolecular Nucleophilic Substitution Reaction via a Proposed Ni (III) NCP Intermediate [J]. Chem. Commun., 2009 (25): 3732–3734.

[231] LIN J H, ZHANG C P, ZHU Z Q, et al. A Novel Pyrrolidinium Ionic Liquid with 1,1,2,2-Tetrafluoro-2-(1,1,2,2-tetrafluoroethoxy) ethanesulfonate Anion as a Recyclable Reaction Medium and Efficient Catalyst for Friedel-Crafts Alkylations of Indoles with Nitroalkenes[J]. J. Fluorine Chem., 2009 (130): 394-398.

[232] ZHANG C P, CHEN Q Y, XIAO J C, et al. A Mild Hydrodehalogenation of Fluoroalkyl Halides [J]. J. Fluorine Chem., 2009 (130): 671-673.

[233] LI K L, DU Z B, GUO C C, et al. Regioselective Syntheses of 2- and 4-Formylpyrido [2,1-b] benzoxazoles [J]. J. Org. Chem., 2009 (74): 3286-3292.

[234] LI K L, GUO C C, CHEN Q Y. Unprecedented Degradation of Nickel (II) 2,3,12,13-Tetrabromo-5,10,15,20-tetraarylporphyrins by the Anion of E-benzaldoxime: A Novel Approach to Nickel (II) Chlorophins and Bacteriophins [J]. Org. Lett., 2009 (11): 2724-2727.

[235] ZHU Z Q, JIANG M Y, JIANG M Y, et al. Unexpected Reactions of Push-pull N-Heterocyclic Carbene Derived from N-(4-methoxyphenyl)-N-(4-nitrophenyl)-imidazolium Chloride[J]. Synlett, 2009 (14): 2305-2308.

[236] LI K L, GUO C C, CHEN Q Y. Efficient One-pot Regioselective Synthesis of 2,3-Dibromo-5,10,15,20-tetraarylporphyrins from 5,10,15,20-Tetraarylchlorins [J]. Synlett, 2009 (17): 2867-2871.

[237] SHEN D M, LIU C, CHEN X G, et al. meso-Oxidation of Porphyrins: Convenient Iron (III) -mediated Synthesis of Dioxoporphyrins [J]. Synlett, 2009 (6): 945-948.

[238] DU R B, LIU C, SHEN D M, et al. Partial Bromination and Fluoroalkylation of 5,10,15-Tris (pentafluorophenyl) corrole [J]. Synlett, 2009 (16): 2701-2705.

[239] CHEN X G, LIU C, SHEN D M, et al. N-Substitution Reactions of 20 π -Electron β -Tetrakis (trifluoromethyl) -meso-tetraphenylporphyrin [J]. Synthesis, 2009 (22): 3860-3868.

[240] HANG X C, GU W P, CHEN Q Y, et al. Reaction of Difluorocarbene with Propargyl Esters and Efficient Synthesis of Difluorocyclopropyl Ketones [J]. Tetrahedron, 2009 (65): 6320-6324.

[241] ZHANG C P, WANG Z L, CHEN Q Y, et al. Synthesis and Physicochemical Properties of Bis (fluoroalkanesulfon) amide-based Ionic Liquids [J]. Eur. J. Inorg. Chem., 2010 (22): 3419-3422.

[242] ZHANG C P, WANG Z L, CHEN Q Y, et al. One-pot Synthesis of Arylfluoroalkylsulfoxides and Study of Their Anomalous F-19 NMR Behavior [J]. J. Fluorine Chem., 2010 (131): 433-438.

[243] ZHANG C P, WANG Z L, CHEN Q Y, et al. Determination of pK (a) Values of Fluoroalkanesulfonamides and Investigation of Their Nucleophilicity [J]. J. Fluorine Chem., 2010 (131): 761-766.

[244] JIANG H W, HAO F, CHEN Q Y, et al. Electrophilic Reaction of Ag (III) N-Confused Porphyrin with Alcohols [J]. J. Org. Chem., 2010 (75): 3511-3514.

[245] Fei X S, TIAN W S, Ding K, et al. New Convenient Route for Trifluoromethylation of Steroidal Molecules [J]. Org. Synth., 2010 (87): 1139-1142.

[246] ZHANG C P, CAO H, WANG Z L, et al. New Electrophilic Bromodifluoromethylation and Pentafluoroethylation Reagents [J]. Synlett, 2010 (7): 1089-1092.

[247] ZHANG C P, WANG Z L, CHEN Q Y, et al. Copper-mediated Trifluoromethylation of Heteroaromatic Compounds by Trifluoromethyl Sulfonium Salts [J]. Angew. Chem.Int. Ed., 2011 (50): 1896-1900.

[248] ZHANG C P, WANG Z L, CHEN Q Y. Generation of the

CF3 Radical from Trifluoromethylsulfonium Triflate and Its Trifluoromethylation of Styrenes [J]. Chem. Commun., 2011 (47): 6632-6634.

[249] HANG X C, GU W P, CHEN Q Y, et al. Thermal Rearrangement of Substituted Difluoro (methylene) cyclopropane [J]. J. Fluorine Chem., 2011 (132): 63-67.

[250] ZHANG H, ZHOU C B, CHEN Q Y, et al. Monofluorovinyl tosylate: A Useful Building Block for the Synthesis of Terminal Vinyl Monofluorides via Suzuki-miyaura Coupling [J]. Org. Lett., 2011 (13): 560-563.

[251] LU X Q, GUO Y, CHEN Q Y. Efficient Synthesis of meso-meso-Linked Diporphyrins by Nickel (O) -mediated Ullmann Homocoupling [J]. Synlett, 2011 (1): 77-80.

[252] WANG W G, CHEN Q Y, GUO Y. $TiCl_4$-Promoted Mukaiyama Aldol Reaction of Fluorinated Silyl Enolates for the Construction of a Quaternary Carbon Center [J]. Synlett, 2011 (18): 2705-2708.

[253] TANG X J, CHEN Q Y. Ni (O) or Cu (O) Catalyzed Cleavage of the Unactivated C—Cl Bond of 2-Chloro-1,1,1-trifluoroethane (HCFC-133a) via a Single Electron Transfer (SET) Process [J]. Chem. Sci., 2012 (3): 1694-1697.

[254] ZHANG C P, CHEN Q Y, GUO Y, et al. Progress in Fluoroalkylation of Organic Compounds via Sulfinatodehalogenation Initiation System [J]. Chem. Soc. Rev., 2012 (41): 4536-4559.

[255] HUAN F, HU H W, HUANG Y G, et al. Michael Addition Reaction of Fluorinated Nitro Compounds [J]. Chin. J. Chem., 2012 (30): 798-802.

[256] LI B H, LI K L, CHEN Q Y. Rational and Practical Synthesis of α, α -Difluoro-γ-lactams [J]. J. Fluorine Chem., 2012 (133): 163-166.

[257] HAO F, JIANG H W, Zong G Q, et al. Electrophilic Fluoroalkylation

of Ni (Ⅱ) N-Confused Porphyrins with Fluoroalkylarylsulfonium Salts [J]. J. Org. Chem., 2012 (77): 3604-3608.

[258] TANG X J, CHEN Q Y. Copper-mediated Radical Cross-coupling Reaction of 2,2-Dichloro-1,1,1-Trifluoroethane (HCFC-123) with Phenols or Thiophenols [J]. Org. Lett., 2012 (14): 6214-6217.

[259] WANG Q, CHEN Q Y, YANG X J, et al. [RuH2 (PPh3) 4]-Catalyzed Michael Addition Reaction of α-Fluoronitroalkanes [J]. Synthesis, 2012 (44): 3815-3821.

[260] LI L, CHEN Q Y, GUO Y. Allylic C-H Alkylation with a CF_3-containing Nucleophile [J]. Chem. Commun., 2013 (49): 8764-8766.

[261] YANG T P, LIN J H, CHEN Q Y, et al. A Novel Reaction of gem-Difluorocyclopropyl Ketones with Nitriles Leading to 2-Fluoropyrroles [J]. Chem. Commun., 2013 (49): 9833-9835.

[262] XIAO Z W, HU H W, MA J L, et al. Radical Addition of Perfluoroalkyl Iodides to Alkenes and Alkynes Initiated by Sodium Dthionite in an Aqueous Solution in the Presence of a Novel Fluorosurfactant [J]. Chin. J. Chem., 2013 (31): 939-944.

[263] WANG Q, HUAN F, SHEN H M, et al. Organocatalytic Reactions of α-Trifluoromethylated Esters with Terminal Alkenes at Room Temperature [J]. J. Org. Chem., 2013 (78): 12525-12531.

[264] CHEN J, LI K L, GUO Y, et al. Design and Synthesis of β-Multi-substituted Push-pull Porphyrins [J]. RSC Adv., 2013 (3): 8227-8231.

[265] LI L, HUANG D H, CHEN Q Y, et al. Pd-catalyzed Allylic Alkylation of CF3-Containing Esters with Three Electron-withdrawing Groups [J]. Synlett, 2013 (24): 611-614.

[266] ZHANG C P, CHEN Q Y, GUO Y, et al. Bi-functional Fluoroalkylation Reagents: An Introduction to Halo-substituted

3-Oxa-perfluoroalkanesulfonyl Fluorides[J]. Tetrahedron, 2013(69): 10955-10989.

[267] ZHANG C P, CHEN Q Y, GUO Y, et al. Difluoromethylation and Trifluoromethylation Reagents Derived from Tetrafluoroethane β-Sultone: Synthesis, Reactivity and Applications [J]. Coord. Chem. Rev., 2014 (261): 28-72.

[268] JIANG D F, LIU C, GUO Y, et al. A General, Regiospecific Synthetic Route to Perfluoroalkylated Arenes via Arenediazonium Salts with RFCu (CH3CN) Complexes [J]. Eur. J. Org. Chem., 2014 (28): 6303-6309.

[269] LI L, CHEN Q Y, GUO Y. Synthesis of α-CF3 Ketones from Alkenes and Electrophilic Trifluoromethylating Reagents by Visible-light Driven Photoredox Catalysis [J]. J. Fluorine Chem., 2014 (167): 79-83.

[270] ZHAO F G, ZHAO G, LIU X H, et al. Fluorinated Graphene: Facile Solution Preparation and Tailorable Properties by Fluorine-content Tuning [J]. J. Mater. Chem. A, 2014 (2): 8782-8789.

[271] LI L, CHEN Q Y, GUO Y. Synthesis of α-Trifluoromethyl Ketones via the Cu-catalyzed Trifluoromethylation of Silyl Enol Ethers Using an Electrophilic [J]. J. Org. Chem., 2014 (79): 5145-5152.

[272] WANG W G, SHEN H M, WAN X L, et al. Enantioselective Pd-Catalyzed Allylation of Acyclic α-Fluorinated Ketones [J]. J. Org. Chem., 2014 (79): 6347-6353.

[273] ZHAO S, LIU C, GUO Y, et al. Oxidative Coupling of Benzylamines to Imines by Molecular Oxygen Catalyzed by Cobalt (II) β-Tetrakis (trifluoromethyl)-meso-tetraphenylporphyrin [J]. J. Org. Chem., 2014 (79): 8926-8931.

[274] ZHAO S, LIU C, GUO Y, et al. β-Perfluoroalkylated Meso-aryl-substituted Subporphyrins: Synthesis and Properties [J]. Synthesis, 2014 (46): 1674-1688.

[275] WU H, XIAO J H, GUO Y, et al. Direct Trifluoromethylthiolation of Unactivated C(sp3)—H Using Silver(I) Trifluoromethanethiolate and Potassium Persulfate [J]. Angew. Chem. Int. Ed., 2015(54): 4070-4074.

[276] ZHAO G, ZHAO F G, ZHAO G, et al. Alkylated Graphene Nanosheets for Supercapacitor Electrodes: High Performance and Chain Length Effect [J]. Carbon, 2015(94): 114-119.

[277] LU Y, LIU C, CHEN Q Y, et al. Recent Advances in Difluoromethylation Reaction [J]. Curr. Org. Chem., 2015(19): 1638-1650.

[278] TANG J X, CHEN Q Y. Insight into "Entrainment" in SRN1 Reactions of 2,2-Dichloro-1,1,1-trifluoroethane (HCFC-123) with Thiolates Initiated by Na2S2O4 [J]. J. Fluorine Chem., 2015(169): 1-5.

[279] WANG W G, WANG W G, HUAN F, et al. Palladium-catalyzed Allylation of Trifluoromethylated Ketene Aminoacetals [J]. J. Fluorine Chem., 2015(171): 46-55.

[280] SHEN Q, HUANG Y G, LIU C, et al. Review of Recent Advances in C—F Bond Activation of Aliphatic Fluorides [J]. J. Fluorine Chem., 2015(179): 14-22.

[281] HAN E J, SUN Y, SHEN Q, et al. Cu-Mediated 2,2,2-Trifluoroethylation of Terminal Alkynes Using 1,1-Dichloro-2,2,2-trifluoroethane (HCFC-123) [J]. Org. Chem. Front., 2015(2): 1379-1387.

[282] LI L, HUANG M W, LIU C, et al. 2,2,2-Trifluoroethylation of Styrenes with Concomitant Introduction of a Hydroxyl Group from Molecular Oxygen by Photoredox Catalysis Activated by Visible Light [J]. Org. Lett., 2015(17): 4714-4717.

[283] ZHAO G, ZHAO F G, SUN J Q, et al. Improving Supercapacitor

Performance of Alkylated Graphene Nanosheets via Partial Fluorination on Their Alkyl Chains [J]. RSC Adv., 2015 (5): 92159-92164.

[284] HUANG M W, LI L, ZHAO Z G, et al. Visible-light-induced Photocatalysis of 1,1,1-Trifluoro-2-iodoethane with Alkylalkenes and Silyl Enol Ethers [J]. Synthesis, 2015 (47): 3891-3900.

[285] SHEN Q, HAN E J, HUANG Y G, et al. Synthesis of Fluorinated 1,4,5-Substituted 1,2,3-Triazoles by RuAAC Reaction [J]. Synthesis, 2015 (47): 3936-3946.

[286] XU C F, CHEN Q Y, SHEN Q L. Nucleophilic Trifluoromethylthiolation of Alkyl Chlorides, Bromides and Tosylates [J]. Chin. J. Chem., 2016 (34): 495-504.

[287] WU J H, LIU Z J, CHEN Q Y, et al. An Optimized Condition for Practical and Scalable Hydrodeiodination of Perfluoroalkyl Iodides [J]. J. Fluorine Chem., 2016 (184): 45-49.

[288] HUANG F, CHEN Q Y, GUO Y. Visible Light-induced Photoredox Construction of Trifluoromethylated Quaternary Carbon Centers from Trifluoromethylated Tertiary [J]. J. Org. Chem., 2016 (81): 7051-7063.

[289] LUO J, HAN E J, SHEN Q, et al. Preparation of Dialkyl (2,2,2-trifluoroethyl) phosphonates by Cu-Promoted Reactions of 1,1-Dichloro-2,2,2-Trifluoroethane with HP(O)(OR)2 Bromides [J]. Org. Process Res. Dev., 2016 (20): 1988-1992.

[290] ZHAO G, WU H, XIAO Z W, et al. Trifluoromethylation of Haloarenes with a New Trifluoro-methylating Reagent Cu($O_2CCF_2SO_2F$)$_2$ [J]. RSC Adv., 2016 (6): 50250-50254.

[291] CHEN Q Y, SUN K, HUANG Y G, et al. Syntheses of Trifluoroethylated Unsymmetrical 1,3-Diynes by Using 1,1-Dichloro-2,2,2-Trifluoroethane [J]. Tetrahedron Lett., 2016 (57): 5757-5760.

[292] LIU Y, WU H, GUO Y, et al. Trifluoromethylfluorosulfonylation of Unactivated Alkenes Using Readily Available Ag($O_2CCF_2SO_2F$) and N-Fluorobenzenesulfonimide[J]. Angew. Chem. Int. Ed., 2017(56): 15432-15435.

[293] HE B, XIAO Z, WU H. Oxidative Decarboxylative Radical Trifluoromethylthiolation of Alkyl Carboxylic Acids with Silver(Ⅰ) Trifluoromethanethiolate and Selectfluor[J]. RSC Adv., 2017(7): 880-883.

[294] GUO Y, HUANG M W, FU X L, et al. Recent Catalytic Syntheses of Trifluoromethylthio-containing Organic Compounds by Transition Metals, Chiral Organocatalysts, and Photocatalysts[J]. Chin. Chem. Lett., 2017(28): 719-728.

[295] LIU C, CHEN Q Y. Catalytic Accelerated Polymerization of Benzoxazines and their Mechanistic Considerations[M]//ISHIDA H, FROIMOWICZ P. Advanced and Emerging Polybenzoxazine Science and Technology. Amsterdam: Elsevier, 2017.

[296] 韩恩健, 郭勇, 陈庆云, 等. 铜参与的1,1,1-三氟-2,2-二氯乙烷及1,1,1-三氟-2,2,2-三氯乙烷与苯乙烯的加成反应研究[J]. 有机化学, 2017(37): 1714-1720.

[297] LU Y, HUANG C, LIU C, et al. Iron(Ⅲ) Porphyrin Complex-catalyzed Olefination of Aldehydes with 2,2,2-Trifluorodiazoethane (CF_3CHN_2)[J]. Eur. J. Org. Chem., 2018(18): 2082-2090.

[298] XIAO Z, LIU Y, ZHENG L, et al. Oxidative Radical Intermolecular Trifluoromethylthioarylation of Styrenes by Arenediazonium Salts and Copper(Ⅰ) Trifluoromethylthiolate[J]. J. Org. Chem., 2018(83): 5836-5843.

[299] XIAO Z, LIU Y, ZHENG X, et al. Oxidative Radical Phosphonotrifluoromethylthiolation of Unactivated Alkenes with Alkyl Phosphonate, Silver(Ⅰ) Trifluoromethanethiolate and Potassium Persulfate[J].

Tetrahedron, 2018（74）: 6213–6219.

[300] CHEN T, GUO Y, SUN K, et al. Photoinduced Hydroxylperfluoroalkylation of Styrenes [J]. Org. Chem. Front., 2018（5）: 1045–1048.

[301] WANG W, GUO Y, SUN K, et al. Visible Light-induced Radical Cyclization of Tertiary Bromides with Isonitriles to Construct Trifluoromethylated Quaternary Carbon Center [J]. J. Org. Chem., 2018（83）: 14588–14599.

[302] LIU Y, LIN Q, XIAO Z, et al. Zinc-mediated Intermolecular Reductive Radical Fluoroalkylsulfination of Unsaturated Carbon-Carbon Bonds with Fluoroalkyl Bromides and Sulfur Dioxide [J]. Chem. Eur. J., 2019（25）: 1824–1828.

[303] LIN Q, LIU Y, XIAO Z, et al. Intermolecular Oxidative Radical Fluoroalkylfluorosulfonylation of Unactivated Alkenes with (Fluoroalkyl) trimethylsilane, Silver Fluoride, Sulfur Dioxide and N-Fluorobenzenesulfonimide [J]. Org. Chem. Front., 2019（6）: 447–450.

[304] SU Z, GUO Y, CHEN Q Y, et al. Catalyst-Free Hydroxytrifluoromethylation of Alkenes Using Iodotrifluoromethane [J]. Chin. J. Chem., 2019（37）: 597–604.

[305] HE D, GUO Y, CHEN Q Y, et al. Visible Light Promoted Iodofluoroalkylation of Alkenes with Iodo-3-oxaperfluoroalkanesulphonates [J]. J. Fluorine Chem., 2019（222–223）: 1–7.

[306] LIU Y, Yu D, GUO Y, et al. Arenesulfonyl Fluoride Synthesis via Copper-Catalyzed Fluorosulfonylation of Arenediazonium Salts [J]. Org. Lett., 2020（22）: 2281–2286.

[307] LIN Q, MA Z, ZHENG C, et al. Arenesulfonyl Fluoride Synthesis via Copper-Free Sandmeyer-Type Fluorosulfonylation of Arenediazonium Salts [J]. Chin. J. Chem., 2020（38）: 1107–1110.

[308] HE B, PAN Q, GUO Y, et al. Cobalt-Catalyzed Radical Hydrotrifluoroethylation of Styrenes with Trifluoroethyl Iodide [J]. Org. Lett., 2020 (22): 6552-6556.

[309] LE B, WU H, HU X, et al. Rapid Synthesis of Acyl Fluorides from Carboxylic Acids with Cu ($O_2CCF_2SO_2F$)$_2$ [J]. Tetrahedron Lett., 2020 (61): 152624.

[310] ZHAO S, GUO Y, SU Z, et al. A Series of Deoxyfluorination Reagents Featuring OCF_2 Functional Groups [J]. Org. Lett., 2020 (22): 8634-8637.

[311] TANG X J, CHEN Q Y. Unexpected Substitution Reaction of 1,1-Dichloro-2,2,2-trifluoro-ethane (HCFC-123) with Phenolates [J]. Synlett., 2020 (31): 2046-2048.

[312] 钱力波, 黄美微, 苏兆本, 等. 六氟环氧丙烷三聚体羧酸（HFPO-TA）环境和生态毒性研究进展 [J]. 有机氟工业, 2021 (4): 31-38.

[313] LIU Y, PAN Q, HU X, et al. Rapid Access to N-Protected Sulfonimidoyl Fluorides: Divergent Synthesis of Sulfonamides and Sulfonimidamides [J]. Org. Lett., 2021 (23): 3975-3980.

[314] ZHAO S, GUO Y, SU Z, et al. Deoxyfluorination of Carboxylic, Sulfonic, Phosphinic Acids and Phosphine Oxides by PFECA Featuring CF_2O Units [J]. Chin. J. Chem., 2021 (39): 1225-1232.

[315] DAI L H, GUO Y, SU Z, et al. The Surface Properties of Amine Oxides with a Fluoroether Chain [J]. J. Fluorine Chem., 2021 (246): 109793.

[316] PAN Q, LIU Y, PANG W, et al. Copper-Catalyzed Three-Component Reaction of Arylhydrazine Hydrochloride, DABSO, and NFSI for the Synthesis of Arenesulfonyl Fluorides [J]. Org. Biomol. Chem., 2021 (19): 8999-9003.

[317] HAO F, ZHANG T, YU D, et al. Porphyriynes: 18-π-Conjugated

Macrocycles Incorporating a Triple Bond [J]. Org. Lett., 2022 (8): 1716-1721.

[318] MA Z, SHAN L, MA X, et al. Arenesulfonyl Fluoride Synthesis via One-Pot Copper-Free Sandmeyer-Type Three-Component Reaction of Aryl Amine [J]. J. Fluorine Chem., 2022 (254): 109948.

[319] MA Z, LIU Y, MA X, et al. Aliphatic Sulfonyl Fluoride Synthesis via Reductive Decarboxylative Fluorosulfonylation of Aliphatic Carboxylic Acids NHPI Esters [J]. Org. Chem. Front., 2022 (9): 1115-1120.

[320] DENG Z, QIU L Y, PAN W J, et al. TFA-Promoted Intermolecular Friedel-Crafts Alkylation of Arenes with 2,2,2-Trifluoroethylaryl Sulfoxides [J]. Chem. Asian J., 2022 (17): e202200190.

[321] 廖晨宇，钱力波，黄美薇，等. 全氟己基乙基磺酰衍生物（6:2 FTSA）和（6:2 FTAB）在环境中降解的研究进展 [J]. 有机氟工业，2022（3）：38-45.

[322] 王雪，兆琦乐，黄美微，等. 六氟环氧丙烷二聚体羧酸（HFPO-DA）环境和生态毒性研究进展 [J]. 有机氟工业，2022（2）：11-17.

[323] QIAN L, HUANG M, GUO Y, et al. Surface Properties and Biological Effects of Fluoroether Surfactants [M]. Cambridge: The Royal Society of Chemistry, 2022.

[324] ZHENG L, QIU X, XIAO Z, et al. Deoxygenation of ClSO2CF2COOMe with Triphenylphosphine for the Metal-free Direct Electrophilic Difluoroalkylthiolation of Various Heterocycles [J]. J. Org. Chem., 2023 (88): 7518-7524.

[325] 徐圆，钱力波，郭勇，等. 多氟烷基磷酸二酯（diPAP）在环境和生物体内的分布、降解及其相关毒性研究 [J]. 有机氟工业，2023（1）：57-64.

[326] GUO S, GUO Y, HUANG M, et al. Synthesis, Surface Activity, and Foamability of Two Short-Chain Fluorinated Sulfonate Surfactants

with Ether Bonds [J]. Langmuir, 2023（39）: 14519-14527.

[327] WANG X, HUANG M, SU Z, et al. Surface Activity of a Series of Fluoroether Betaine Amphoteric Surfactants: Oxygen Roles [J]. Chin. Chem. Lett., 2023（34）: 107961.

参考文献

[1] 上海市化学化工学会. 上海市化学化工学会 1978 年年会论文摘要选编[M]. 上海：上海科学技术文献出版社，1980.

[2] 李宗志. 使用 F-53 的经济效果[J]. 天津电镀，1981（1）：19.

[3] 萧超然. 北京大学校史（1898-1949）[M]. 上海：上海教育出版社，1981.

[4] 朱仕正. 全氟型磺酸酯亲核反应的研究[D]. 上海：中国科学院上海有机化学研究所，1982.

[5] 覃卓凡，彭子俊. 实用电镀技术问答[M]. 南宁：广西人民出版社，1984.

[6] 杨震宇. 氟烷基化和氟烷氧基化的研究[D]. 上海：中国科学院上海有机化学研究所，1984.

[7] 朱仕正. 全氟和多氟烷基磺酸：全氟烷基磺酸酯的合成和反应及其作为二氟卡宾前体的研究[D]. 上海：中国科学院上海有机化学研究所，1984.

[8] 中国化学会. 中国化学五十年（1932-1982）[M]. 北京：科学出版社，1985.

[9] 国家科委科技干部局. 博士后科研流动站资料汇编[Z]. 1986.

[10] 杨震宇. 过渡金属催化下的氟烷基化研究[D]. 上海：中国科学院上海有机化学研究所，1986.

[11] 八里湖场志办公室. 八里湖农场志[M]. 黄冈：蕲春县文化领导小组，1988.

[12] 吴生文. 二氟卡宾化学：新二氟卡宾前体及其反应的研究[D]. 上海：中

国科学院上海有机化学研究所，1989.

[13] MCCLINTON M A, MCCLINTON D A. Trifluoromethylations and Related Reactions in Organic Chemistry [J]. Tetrahedron, 1992（48）: 6555.

[14] 杨映松. 与制冷新工质 HFC-134a 相匹配润滑油的性能和应用研究 [J]. 制冷，1994（3）: 1-6.

[15] 陈敬田. 电镀工应知考核题解 [M]. 北京：机械工业出版社，1996.

[16] 毛炳汉. 当代湘籍著作家大辞典 [M]. 长沙：湖南文艺出版社，1997.

[17] 黄维垣. 中国有机氟化学十年进展 [M]. 北京：高等教育出版社，1999.

[18] 魏文德. 有机化工原料大全（上）[M]. 北京：化学工业出版社，1999.

[19] 徐幸捷，蔡世成. 上海京剧志 [M]. 上海：上海文化出版社，1999.

[20] 中国第二历史档案馆. 中华民国史档案资料汇编：第5辑 第3编 教育 [M]. 南京：江苏古籍出版社，2000.

[21] 中国科学院学部联合办公室. 中国科学院院士画册：1993-1999 [M]. 上海：上海教育出版社，2001.

[22] 长沙市地方志办公室. 长沙市志：第16卷 [M]. 长沙：湖南人民出版社，2002.

[23]《所志》编委会. 中国科学院长春光学精密机械与物理研究所所志（1952-2002）[M]. 吉林：吉林人民出版社，2002.

[24] 卡尔·约斯. Matheson 气体数据手册 [M]. 陶鹏万，黄建彬，朱大方，译. 北京：化学工业出版社，2003.

[25] 徐伟. 二氟卡宾化学：偕二氟环烯化和偕二氟环丙烷化反应研究 [D]. 上海：中国科学院上海有机化学研究所，2003.

[26] 张鳌. 上海科学技术志：1991-1999 [M]. 上海：上海社会科学院出版社，2003.

[27] 孙琦，孙海林. 鲁立刚的教育实践与教育思想 [J]. 湖南第一师范学报，2004（1）: 7-10.

[28] 曾卓. β-氟烷基四芳基卟啉的合成及其分子内环化反应 [D]. 长沙：湖南大学，2004.

[29] 周鼎英. 少氟化合物合成的研究 [D]. 上海：中国科学院上海有机化学研究所，2005.

[30] JONATHAN REES. 'I did not know any danger was attached': Safety

Consciousness in the early American Ice and Refrigeration Industries [J]. Technology and Culture, 2005 (46): 541-560.

[31] 程战领. 二氟卡宾化学：二氟卡宾与碳碳重键的环加成反应及其产物的转化研究 [D]. 上海：中国科学院上海有机化学研究所，2006.

[32] 金利美. 氟烷基卟啉的合成、反应及其性质的研究 [D]. 上海：中国科学院上海有机化学研究所，2006.

[33] 王学珍. 北京高等教育纪事：1861年~1949年1月 [M]. 北京：中国广播电视出版社，2006.

[34] 曹海萍. 含氟化合物功能团转化的研究 [D]. 上海：中国科学院上海有机化学研究所，2007.

[35] 刘超. 氟烷基卟啉的合成、反应、性质和应用研究 [D]. 上海：中国科学院上海有机化学研究所，2007.

[36] 陈庆云. 我的氟化学情结 [M] // 陈庆云院士80华诞志庆集. 上海：中国科学院上海有机化学研究所，2009.

[37] 陈晓光. 20π卟啉及porphycene的反应研究 [D]. 上海：中国科学院上海有机化学研究所，2010.

[38] 陈庆云. 师恩难忘——纪念邢其毅先生百年诞辰 [M] // 钱存柔. 松风岁月——邢其毅教授百年诞辰纪念文集. 北京：北京时代弄潮文化发展公司，2011.

[39] 尉志武，李兆陇. 清华化学历史人物 [M]. 北京：清华大学出版社，2011.

[40] 张成潘. 功能性含氟有机盐的合成及相关反应研究 [D]. 上海：中国科学院上海有机化学研究所，2011.

[41] 湖南省教育史志编纂委员会. 湖南近现代名校史料 [M]. 长沙：湖南教育出版社，2012.

[42] 唐小军. 1,1,1-三氟-2-氯乙烷（HCFC-133a）和1,1,1-三氟-2,2-二氯乙烷（HCFC-123）的C—Cl键断裂之研究 [D]. 上海：中国科学院上海有机化学研究所，2012.

[43] 叶青，黄艳红，朱晶. 举重若重：徐光宪传 [M]. 北京：中国科学技术出版社，2013.

[44] 干福熹. 中国近代和现代光学与光电子学发展史 [M]. 上海：上海科学技术出版社，2014.

［45］赵帅. 含氟卟啉类化合物的合成、性质及其催化反应研究［D］. 上海：中国科学院上海有机化学研究所，2014.

［46］《与科学家同行》访谈组. 与科学家同行［M］. 南京：南京师范大学出版社，2015.

［47］赵骏，杨武德. 有机化学［M］. 北京：中国医药科技出版社，2015.

［48］朱汉民. 湖湘文化通史：第四册［M］. 长沙：岳麓书社，2015.

［49］朱晶，黄智静. 虚怀若谷：黄维垣传［M］. 上海：上海交通大学出版社，2015.

［50］胡晓菁. 赤子丹心 中华之光：王大珩传［M］. 北京：中国科学技术出版社，2016.

［51］史炎均，赵新，齐巧艳. 真善合美：蒋锡夔传［M］. 上海：上海交通大学出版社，2016.

［52］王红，王学. 治水殆与禹同功：文伏波传［M］. 上海：上海交通大学出版社，2016.

［53］袁江洋，樊小龙，苏湛，等. 当代中国化学家学术谱系［M］. 上海：上海交通大学出版社，2016.

［54］吴浩. FSO_2CF_2COOMe/H 衍生氟烷基化试剂以及惰性 C（sp3）—H 键三氟甲硫基化反应的研究［D］. 上海：中国科学院上海有机化学研究所，2017.

［55］CLARKE S L, MCGLACKEN G P. Methyl Fluorosulfonyldifluoroacetate (MFSDA): An Underutilised Reagent for Trifluoromethylation［J］. Chemistry—A European Journal, 2017（23）：1219.

［56］REDDY B K, BASAVARAJAPPA A, AMBHORE M D, et al. Isophlorinoids: The Antiaromatic Congeners of Porphyrinoids［J］. Chemical Reviews, 2017（117）：3420.

［57］陆洋. 含氟卟啉的合成及其催化性质研究［D］. 上海：中国科学院上海有机化学研究所，2018.

［58］叶青，朱晶. 聚焦星空：潘君骅传［M］. 北京：中国科学技术出版社，2019.

后 记

结识陈庆云先生，是在2012年。当时中国科学院上海有机化学研究所启动了"黄维垣学术成长资料采集项目"，陈庆云先生和黄维垣先生从1963年开始在有机所共事，几十年来有许多合作，共同为中国氟化学与氟化工的组建与发展作出了重要贡献。在研究黄先生的科学思维和学术发展历程时，我和陈先生有过多次面对面的交流。在对黄先生及其同事的访谈中，他们也必定会提到陈先生在有机氟化学领域的引领性工作，无数次赞叹陈先生对氟化学基础研究所做的令世界瞩目的工作，并由衷地感叹陈先生在铬雾抑制剂研制过程中合成的中间体——这个当时没有依靠任何外国力量取得的自主知识产权技术——为我国的氟化学从应用研究向基础研究转变奠定了重要基础，我国氟化学基础研究的格局由此向世界延伸。

正因为这些前期接触，我对陈先生的工作有了初步了解，加上此前对中国和全球范围内氟化学的发展已有一些背景知识，在对陈先生的科学思维与方法进行探讨时，研究视野便更加开阔，问题亦更加深入。直接"引爆"我的研究路线的是，第一次在陈先生办公室正式拜访他时，他和我的谈话。陈先生见到我后，最先提到的不是自己的工作经历或教育经历，而是拿出国际学者在化学刊物上发表的题为《氟磺酰基二氟乙酸甲酯：一个被低估的三氟甲基化试剂》的综述，忧心地告诉我，这篇综述文章中提到"'陈试剂'没有被充分利用"，他为自己没有对此作出更多的努力而感到忧虑和焦急。拜访结束后，我研读了这篇综述，惊讶地发现这篇文章的大量篇幅是评述以陈先生命名的"陈试剂"——氟磺酰基二氟乙酸甲酯的最新研究和应用情况，并对"陈试剂"的优势进行褒奖，国际学者希望通过对使用"陈试剂"实现三氟甲基化的研究进行评述，从而让更多的读者注意到这种有效试剂。面对这些褒奖，陈先生却从中读出了忧虑，这让我开始思考，老一辈的杰出科学家在面对基础科学研究与应用的具体问题时，他们的考量是什么？

带着这种思考，在研究陈先生的学术历程时，我除了要回答为什么"陈试剂"、陈氏方法学、铬雾抑制剂、含氟卟啉等在世界范围产生重要影响，挖掘有机所从氟化学的零基础到获得"上海氟化学"全球中心的殊荣背后老科学家的科学精神与思维方式的特殊性，我还关注的是作为一名科学家，而不是工程师，如何将基础研究和应用研究进行很好的结合，如何找到最佳结合点。在后续的访谈和研究中，我们逐渐意识到陈先生对氟化学研究的独特理念，这也是陈氏方法学的独特魅力。

当我们将陈先生的考量放在我国科学发展史与全球史的视野下来思考时，科学家精神的魅力便更加具体而鲜活了。陈先生一生只做氟化学，他在苏联留学时便作出了有影响力的工作并获得专利，参与了"两弹一星"中的化学研究，为解决电镀中的铬雾问题拿出了我们国家自己的解决方案，围绕有机所独有的含氟链深入探讨氟化学中的基础问题，这些不正是科学家精神的具体体现吗？

哪怕我们不专门从事科学研究，陈先生的精神也能让我们获得莫大的激励和启示。他常说"每天都要有进步，不然就会落后""三天不看文献就心慌"。我们在拍摄和访谈的间歇，他总会回到工作台继续工作，虽然他已经九十多岁高龄。这种努力、执着与求索，不正是有机所群体风貌的侧影吗？

朱 晶

2022 年 3 月

老科学家学术成长资料采集工程丛书
已出版（161种）

《卷舒开合任天真：何泽慧传》
《从红壤到黄土：朱显谟传》
《山水人生：陈梦熊传》
《做一辈子研究生：林为干传》
《剑指苍穹：陈士橹传》

《情系山河：张光斗传》
《金霉素·牛棚·生物固氮：沈善炯传》
《胸怀大气：陶诗言传》
《本然化成：谢毓元传》
《一个共产党员的数学人生：谷超豪传》

《含章可贞：秦含章传》
《精业济群：彭司勋传》
《肝胆相照：吴孟超传》
《新青胜蓝惟所盼：陆婉珍传》
《核动力道路上的垦荒牛：彭士禄传》

《探赜索隐　止于至善：蔡启瑞传》
《碧空丹心：李敏华传》
《仁术宏愿：盛志勇传》
《踏遍青山矿业新：裴荣富传》
《求索军事医学之路：程天民传》

《一心向学：陈清如传》
《许身为国最难忘：陈能宽传》

《此生情怀寄树草：张宏达传》
《梦里麦田是金黄：庄巧生传》
《大音希声：应崇福传》
《寻找地层深处的光：田在艺传》
《举重若重：徐光宪传》

《魂牵心系原子梦：钱三强传》
《往事皆烟：朱尊权传》
《智者乐水：林秉南传》
《远望情怀：许学彦传》
《没有盲区的天空：王越传》

《行有则　知无涯：罗沛霖传》
《为了孩子的明天：张金哲传》
《梦想成真：张树政传》
《情系梁菽：卢良恕传》
《笺草释木六十年：王文采传》

《妙手生花：张涤生传》
《硅芯筑梦：王守武传》
《云卷云舒：黄士松传》
《让核技术接地气：陈子元传》
《论文写在大地上：徐锦堂传》

《铃记：张兴铃传》
《寻找沃土：赵其国传》

《钢锁苍龙　霸贯九州：方秦汉传》
《一丝一世界：郁铭芳传》
《宏才大略　科学人生：严东生传》

《虚怀若谷：黄维垣传》
《乐在图书山水间：常印佛传》
《碧水丹心：刘建康传》

《我的气象生涯：陈学溶百岁自述》
《赤子丹心　中华之光：王大珩传》
《根深方叶茂：唐有祺传》
《大爱化作田间行：余松烈传》
《格致桃李半公卿：沈克琦传》
《躬行出真知：王守觉传》
《草原之子：李博传》

《我的教育人生：申泮文百岁自述》
《阡陌舞者：曾德超传》
《妙手握奇珠：张丽珠传》
《追求卓越：郭慕孙传》
《走向奥维耶多：谢学锦传》
《绚丽多彩的光谱人生：黄本立传》

《此生只为麦穗忙：刘大钧传》
《航空报国　杏坛追梦：范绪箕传》
《聚变情怀终不改：李正武传》
《真善合美：蒋锡夔传》
《治水殆与禹同功：文伏波传》
《用生命谱写蓝色梦想：张炳炎传》
《远古生命的守望者：李星学传》

《探究河口　巡研海岸：陈吉余传》
《胰岛素探秘者：张友尚传》
《一个人与一个系科：于同隐传》
《究脑穷源探细胞：陈宜张传》
《星剑光芒射斗牛：赵伊君传》
《蓝天事业的垦荒人：屠基达传》

《善度事理的世纪师者：袁文伯传》
《"齿"生无悔：王翰章传》
《慢病毒疫苗的开拓者：沈荣显传》
《殚思求火种　深情寄木铎：黄祖洽传》
《合成之美：戴立信传》
《誓言无声铸重器：黄旭华传》
《水运人生：刘济舟传》
《在断了 A 弦的琴上奏出多复变
　　最强音：陆启铿传》

《化作春泥：吴浩青传》
《低温王国拓荒人：洪朝生传》
《苍穹大业赤子心：梁思礼传》
《仁者医心：陈灏珠传》
《神乎其经：池志强传》
《种质资源总是情：董玉琛传》
《当油气遇见光明：翟光明传》
《微纳世界中国芯：李志坚传》
《至纯至强之光：高伯龙传》

《弄潮儿向涛头立：张乾二传》
《一爆惊世建荣功：王方定传》
《轮轨丹心：沈志云传》
《继承与创新：五二三任务与青蒿素研发》

《淡泊致远　求真务实：郑维敏传》
《情系化学　返璞归真：徐晓白传》
《经纬乾坤：叶叔华传》
《山石磊落自成岩：王德滋传》
《但求深精新：陆熙炎传》
《聚焦星空：潘君骅传》

《逐梦"中国牌"心理学：周先庚传》
《情系花粉育株：胡含传》
《情系生态：孙儒泳传》
《此生惟愿济众生：韩济生传》
《谦以自牧：经福谦传》

《世事如棋　真心依旧：王世真传》
《大地情怀：刘更另传》
《一儒：石元春自传》
《玻璃丝通信终成真：赵梓森传》
《碧海青山：董海山传》

《追光：薛鸣球传》
《愿天下无甲肝：毛江森传》
《以澄净的心灵与远古对话：吴新智传》
《景行如人：徐如人传》

《材料人生：涂铭旌传》
《寻梦衣被天下：梅自强传》
《海潮逐浪　镜水周回：童秉纲口述人生》

《采数学之美为吾美：周毓麟传》
《神经药理学王国的"夸父"：金国章传》
《情系生物膜：杨福愉传》
《敬事而信：熊远著传》

《恬淡人生：夏培肃传》
《我的配角人生：钟世镇自述》
《大气人生：王文兴传》
《历尽磨难的闪光人生：傅依备传》
《思地虑粮六十载：朱兆良传》

《心瓣探微：康振黄传》
《寄情水际砂石间：李庆忠传》
《美玉如斯　沉积人生：刘宝珺传》
《铸核控核两相宜：宋家树传》
《驯火育英才　调土绿神州：徐旭常传》

《通信科教　乐在其中：李乐民传》
《力学笃行：钱令希传》
《与肿瘤相识　与衰老同行：童坦君传》

《没有勋章的功臣：杨承宗传》　　　《科学人文总相宜：杨叔子传》

《百年耕耘：金善宝传》　　　　　　《一生情缘植物学：吴征镒传》
《耕海踏浪谱华章：文圣常传》　　　《一腔报国志　湿法开金石：
《守护女性生殖健康：肖碧莲传》　　　　陈家镛传》
《心之历程：夏求明传》　　　　　　《"卓"越人生：卓仁禧传》
《仰望星空：陆埮传》　　　　　　　《步行者：闻玉梅传》
《拥抱海洋：王颖传》　　　　　　　《潜心控制的拓荒人：黄琳传》
《爆轰人生：朱建士传》

《献身祖国大农业：戴松恩传》　　　《一位"总总师"的航天人生：
《中国铁路电气化奠基人：曹建猷传》　　　任新民传》
《一生一事一方舟：顾方舟传》　　　《扎根大地　仰望苍穹：
《科迷烟云：胡皆汉传》　　　　　　　　俞鸿儒传》
《寻找黑夜之眼：周立伟传》　　　　《锻造国防"千里眼"：毛二可传》
《泽润大地：许厚泽传》　　　　　　《地学"金钉子"：殷鸿福传》